関東の私鉄沿線格差

東急 東武 小田急 京王 西武 京急 京成 相鉄

Kobayashi Takuya
小林拓矢

JN018999

KAWADE夢新書

ふだん利用している路線の真のポテンシャルをあぶり出す!

◉はじめに

東京で生活しているあなたは、あるいは東京で一度でも生活した経験のあるあなたは、東京を含む首都圏が多様な要素によって成り立っていると思ったことはないだろうか。都心部と郊外とでは違いがあり、しかも鉄道の沿線によっても雰囲気が変わるということを感じた人も多いはずだ。

近年、「沿線格差」という言葉が盛んに使われるようになった。都市圏内で発生する「格差」が、じつは鉄道の沿線ごとにもさまざまあるということだ。

とくに私鉄では、路線それぞれの違いや個性が如実《にょじつ》に表れる。経済的に豊かな人が沿線に多く暮らしている路線、高学歴の人が多く暮らしている路線もあれば、経済的に豊かでない人が多く暮らす路線もある。ファミリー層の人気が高い路線もあれば、学生や若者が住みやすい路線もある。しかも、それぞれの沿線に住む人のライフスタイルの違いは、私鉄各社の経営戦略とも深くかかわっているのだ。

本書は、東京圏を中心に、東急電鉄・東武鉄道・小田急電鉄・京王電鉄・西武鉄道・京急電鉄・京成電鉄・相模鉄道の沿線における「格差」について記している。

まずは、「沿線格差」がどのようにして生まれ、現在、どんなかたちとなって表れているかを示した。そのうえで沿線ごとの特徴をまとめ、私鉄各社がどのように「沿線格差」を企業戦略として取り入れているかについても考察した。そして、「沿線格差」が東京圏の特性を複雑にしているとしたうえで、読者のみなさまに、さまざまなライフスタイルの可能性があることを提示した。

関東における「沿線格差」は、単にデータとして存在しているだけではない。東京圏の歴史とともに誕生し、各社の事業スタイルとあいまって、そのありようを変えてきた。「格差社会」が叫ばれて久しいこの国で、「沿線格差」も確固たる存在として認知されるようになった。

これから、さまざまな格差や不平等が再生産されるなかで、「沿線格差」もより強固なものとなることが予想される。東京の未来を考えるには、「沿線格差」から目をそらしてはいけないのだ。そんな思いを持ちながら記した。

本書により、関東、とくに東京圏の私鉄沿線の違い、「沿線格差」を中心とする都市内格差が存在することを、多くの人に認識していただければ幸いである。そして同時に、各路線の知られざる個性や魅力を発見していただければ、筆者としてこれにまさる喜びはない。

小林拓矢
［京王電鉄京王線沿線、東京都調布市在住］

1 沿線格差が生まれるまで

東急・東武・小田急・京王・西武・京急・京成・相鉄

2 魅力を比較する

東急・東武・小田急・京王・西武・京急・京成・相鉄沿線の

3 生活環境を比較する

東急・東武・小田急・京王・西武・京急・京成・相鉄沿線の

4 東急・東武・小田急・京王・西武・京急・京成・相鉄沿線の 教育環境を比較する

5 東急・東武・小田急・京王・西武・京急・京成・相鉄沿線の エンタメを比較する

6 沿線カラーを比較する

東急・東武・小田急・京王・西武・京急・京成・相鉄の

7 各社の未来戦略とは

東急・東武・小田急・京王・西武・京急・京成・相鉄

8 沿線と格差社会の現在地

東急・東武・小田急・京王・西武・京急・京成・相鉄

9 沿線選びの新基準とは

東急・東武・小田急・京王・西武・京急・京成・相鉄

装幀◉こやまたかこ
本文写真◉PIXTA
◉Photolibrary

1

沿線格差が生まれるまで

東急・東武・小田急・京王・西武・京急・京成・相鉄

狭い東京は江戸の時代から「格差社会」だった

2022(令和4)年には、鉄道150周年が盛大に祝われた。

1872(明治5)年10月に新橋から横浜までの鉄道が開業してから、この国の鉄道は大きく発展してきた。都市間を結ぶ長距離鉄道が多くできただけではなく、都市圏内の輸送を行なうための都市鉄道も、また多くできた。とくに東京は、江戸時代からの発展を受けたうえで明治維新後に「首都」になったため、近代にわたって発展し続けてきた。

しかし、現在のような大都市圏になるには、時間がかかった。「本郷《ほんごう》もかねやすまでは江戸のうち」という川柳があるように、「江戸」の示す範囲は狭いのが実情だった。

江戸の範囲は、町奉行が支配した範囲と理解されている。江戸が拡大するにつれて、町奉行の支配する地域も拡大していったが、1818年に老中が「朱引《しゅびき》」を決定し、江戸の行政区域を確定していった。その頃、現在の大規模ターミナルである新宿駅周辺は、江戸の外にあった。

明治維新後、首都になった東京は、「東京府」が設置され、現在の東京23区とほぼ同じエリアとなった。しかし、そのなかでも「都心」と呼べるのは市街地である15区だけだった。この15区は現在の「区」よりも狭く、いまの23区内には「郡部」がある状態だった。

15区は、麹町《こうじまち》・神田・日本橋・京橋・芝・麻布《あざぶ》・赤坂・四谷・牛込《うしごめ》・小石川《こいしかわ》・本郷・下谷《したや》・浅草・本所《ほんじょ》・深川であり、のちに東京市となり、そのなかの「区」になる。ちなみに「郡」は、荏原《えばら》・東多摩・南豊島・北豊島・南足立・南葛飾《みなみかつしか》である。

いまの23区よりずっと狭い東京市内にも、「格差社会」はあった。麹町・神田・日本橋・京橋には洋風家屋が集まっている一方で、日本橋や神田・京橋には粗末な屋根の家屋が集まり、その他の区でも状態のよくない家屋は多く見られた。江戸時代の衛生的でない状態が首都になってからも続き、地域によって環境のよしあしが見られる状況だった。

狭い都市内にも「格差」が存在し、地域の状態でどの程度の生活水準の人がいるかどうかわかってしまう状態だったのだ。

「沿線格差」という言葉が存在するずっと前の、江戸から東京に移行していく時代の東京にも格差があった。旧武家地には維新の元勲《げんくん》や旧華族が住み、旧町人地にはもともとの町人が生活していた。生活水準の高い層が高台に住み、低い層は低地に住むという構造になっていた。

そんな時代の東京圏内では、徒歩または人力車、乗合《のりあい》馬車で移動していた。1880（明治13）年には東京馬車鉄道が開業し、都市内移動に「鉄道」という選択肢が生まれる。馬車鉄道は人口の多い地域に路線を延ばす。しかし、馬車鉄道は糞尿《ふんにょう》の被害などが問題になった。

一方で、路面電車の計画も進んでいく。都市交通として有望な路面電車は、多くの出願者が競合する事態になり、1900（明治33）年に特許が3社に認可される。東京馬車鉄道から改名した東京電車鉄道だけではなく、東京市街鉄道や東京電気鉄道という会社が運営していた。1906（明治39）年に3社は合併、しかし運賃は値上げされたために市民の反発は大きかった。その頃から路面電車公有化論が出て、1911（明治44）年に東京市電が誕生した。この東京市電は、路線網を大正時代に拡大させていく。

その頃はまだ、「東京圏」といえる地域が現在の山手線内と下町をあわせたよりも小さく、江戸時代の「江戸」とそれほど変わらない状態だった。

現在のJR路線で見ると、山手線は1885（明治18）年に日本鉄道が品川〜赤羽（池袋〜赤羽は現在の埼京線）が部分開業、東北本線・高崎線は1883（明治16）年に日本鉄道が上野〜熊谷間を開業、中央本線は1889（明治22）年に甲武《こうぶ》鉄道が新宿〜立川間を開業という状態で、これに官営の新橋〜横浜間を加えた程度しかなかった。

これらの鉄道では、現在のように列車が頻発《ひんぱつ》しているわけではなく、長距離輸送のための路線計画の一部であり、貨物も輸送され、「都市鉄道」といえるものではなかった。

そんななかで、東京の公共交通は、路面電車を中心に整備されていった。狭いエリアでも格差社会の構造はあり、地域によって人々の暮らし向きは異なっていたが、それはあくまで狭い地域の問題であり、「沿線」が形成されるほどの巨大都市にはなっていない状態だった。

各社の路線網はどのように広がっていった?

江戸幕府が大政奉還し、東京になると地方へと人の流出が起こるようになった。各藩の江戸詰めの武士などが元の地域に戻ったからだ。

士族となったのちも明治政府から給与を受けていたが、1876(明治9)年の秩禄《ちつろく》処分でその既得権はなくなった。翌年の西南戦争で士族層の武力的抵抗が終わると、士族は子どもに学問を身につけさせ、それによる立身出世をめざすようになる。

地方に戻っていった人たちが、ふたたび都市へと回帰し始めた。また、都市でビジネスを始めようとする地方豪農などの有力層子弟が、都市に集まり始めた。鉄道は、このような人たちが持つ「立身出世イデオロギー」の受け皿となり、日本鉄道や山陽鉄道、九州鉄道など、のちに国有化される鉄道事業の担《にな》い手は、こうした階層の人たちだった。彼らが都市圏の拡大に機を見出《みいだ》すのは、自然なことだった。

1899(明治32)年1月には川崎(現在の京急川崎から、やや離れた場所にあった)から大師《だいし》(現在の川崎大師)間で、標準軌(1435ミリ)による電気鉄道の運行が開始される。大師電気鉄道、現在の**京浜急行電鉄**である。大垣藩士の次男に生まれ、別の藩士の養子になった、立《たち》川勇次郎《かわゆうじろう》が代表となる。

立川はもともと弁護士だったが、実業界での成功を求めて鉄道敷設《ふせつ》に力を入れた。後述する雨宮敬次郎《あめみやけいじろう》が主導した東京電気鉄道にも参加したが、その一方で大師電気鉄道の出願も行なう。

大師電気鉄道は徐々に路線を広め、東京市電との相互乗り入れのために馬車軌間（1372ミリメートル）に改軌《かいき》し、前後して品川（現在の北品川）から神奈川停車場前までを少しずつ開通させる。1905（明治38）年12月のことだった。関西でも同年4月に阪神電気鉄道が開業、東西で現在も続く私鉄が成立したのはこの頃であった。

現在はJRで運行されている路線にも、地方豪農層出身者が東京に出てきて、私鉄とし

川崎大師駅前に立つ「京急発祥之地」碑

て開業した路線がある。中央線だ。

山梨県牛奥村（現在の甲州市塩山《えんざん》）の農家に生まれた雨宮敬次郎は、甲武鉄道を開業させる。はじめは蒸気機関車による運転だったが、1904（明治37）年に飯田町〜中野間を電化して高頻度運転を行なった。その後、路線網と電化区間は都心へと延びていった。

この頃に、電車による高頻度運転という私鉄スタイルの鉄道が確立し、現在へとつながっていく。山手線は、1909（明治42）年に電車化される。

戦前の日本において、大阪は東京と並び立つ大都市であった。『朝日新聞』や『毎日新聞』などの全国紙は、大阪を拠点にして東京に進出し、やがて全国紙へとなっていった。

私鉄もまた同じである。大阪で確立したビジネスモデルが、東京へと伝わるという歴史となった。1910（明治43）年3月に、箕面有馬《みのおありま》電気鉄道（現在の阪急電鉄）が梅田（現在の大阪梅田）〜宝塚間、石橋（現在の石橋阪大前）〜箕面公園（現在の箕面）間で開業した。この会社の実質的な創業者は、小林一三《こばやしいちぞう》だった。

小林一三は山梨県の河原部《かわらべ》村（現在の韮崎《にらさき》市）の裕福な商人の家に生まれる。慶應義塾を経て三井銀行に入行、大阪などへの転勤を経験する。退職後、証券会社の設立にかかわったが頓《とん》挫《ざ》し、阪鶴《はんかく》鉄道の監査役になった。この鉄道は国有化されたため、大阪〜池田間の免許を生かして私鉄をつくることになった。

阪急電鉄はその後、路線網を拡大する。鉄道事業の充実とともに、沿線住宅地の開発や、小売事業の充実に力を入れる。宅地開発は、日本初の「住宅ローン」も活用した。あわせて、通勤とは逆方向の需要を創出するため、宝塚に温泉施設を設けた。この温泉施設で興行を行なうために創設したのが、宝塚歌劇団である。エンターテインメント事業は、阪急グループの一大事業になっていく。

鉄道を中核とし、複合的に沿線で事業を展開、沿線を豊かにしていくというビジネスモデルをつくりあげたのは、小林一三である。同じ1910年4月には、京阪電気鉄道も誕生した。

この流れが、関東にも広まっていく。1912（大正元）年11月には**京成電気軌道**（現在の京成電鉄）が押上《おしあげ》～市川間を開業、1913（大正2）年4月には**京王電気軌道**（現在の京王電鉄）が笹塚～調布間を開業した。1915（大正4）年4月に**武蔵野鉄道**（現在の西武鉄道）が池袋～飯能《はんのう》間を開業する。武蔵野鉄道の同区間は、1922（大正11）年に所沢まで、1925（大正14）年には飯能まで電化した。1927（昭和2）年4月には**小田原急行鉄道**（現在の小田急電鉄）が新宿～小田原間を一気に開業させた。

それとは異なるスタイルの私鉄も、東京にはあった。**東武鉄道**は、1899（明治32）年に北千住～久喜《くき》間が開業した。その後、北関東に路線網を拡大し、貨物輸送なども手がける。こういったスタイルの鉄道ゆえ、一時は鉄道国有化の対象となった（結局、国有にはならなかった）。

また、東武鉄道は東上《とうじょう》鉄道と合併する。電車での高頻度運転というスタイルは多くの私鉄が採用したものの、関東では沿線ビジネスはまだ成立していなかった。

そんな時代に、「日本資本主義の父」と呼ばれる渋沢栄一《しぶさわえいいち》は、「田園都市株式会社」を設立した。1918（大正7）年9月のことだ。都市部に長年暮らしている商工業者などといった社会階層ではなく、比較的高い教育を受け、都心の官公庁や大企業勤務の人、つまり知的労働をするサラリーマンといった階層の人たちにふさわしい住宅を郊外に提供することを目的とした会社だ。洗足《せんぞく》田園都市や田園調布周辺の分譲を仕事とした。

しかし、住みよい郊外とはいえ、通勤の交通手段がないとどうしようもない。そこで、田園都市株式会社は子会社に鉄道をつくった。1922（大正11）年9月に創立された、**目黒蒲田電鉄**（創業時の企業名は、荏原電気鉄道）である。

鉄道の計画は目黒蒲田電鉄の創立以前からあり、計画にあたっては小林一三に相談をした。その際に小林一三が経営陣に推薦したのが、五島慶太《ごとうけいた》である。

「沿線ビジネス」を確立した五島慶太

これまで、私鉄は数多く生まれ、国有化されたり、私鉄のままであったりした。しかし、その多くは鉄道事業そのものに将来の発展性を抱き、そして鉄道事業そのものを充実させようとしていた。

日本鉄道や山陽鉄道、九州鉄道といった長距離の路線を有する私鉄はしかたがない。国有化されることを前提に、民間の資本を活用したのだから。これらの鉄道経営者は国策に乗っかったともいえる。

しかし、長距離移動のための鉄道もあれば、都市生活者のための鉄道もある。路面電車などは、民間の資本が投じられ、営利的可能性を求めて起業家が日本中から集まり、都市鉄道を整備してきたという経緯がある。

1990年代後半から2000年代前半のインターネット産業のように、当時の鉄道は大きな可能性を持つ事業だとみなされていた。鉄道そのものをつくることで、利益を得ようという人たちが多かったのだ。

それに対して、武蔵国血洗島村《ちあらいじま》（現在の埼玉県深谷市）の豪農層に生まれた渋沢栄一は、宅地開発というビジネスを考えた。狭い都市でぎゅうぎゅうになって人が暮らす時代は、いずれ終わる、都市は拡大していくという先見の明を持っていた。その住民のために、鉄道を必要とした。

そこで招かれたのが、五島慶太である。五島慶太は、長野県殿戸《とのど》村（現在の青木村）に18

82（明治15）年4月に生まれた。東京帝国大学卒業後、複数の官庁を経て鉄道院に勤務し、経営のノウハウを蓄積した。1920（大正9）年には武蔵電気鉄道（のちの東京横浜電鉄。現在の東急電鉄の前身）の取締役に就任している。そして、渋沢栄一に招聘《しょうへい》され目黒蒲田電鉄の専務取締役になる。

1923（大正12）年12月に目黒蒲田電鉄は全通、その後、東京横浜電鉄との経営統合などを経て、現在の**東急電鉄**の路線網を確立する。

五島慶太は、東京高等工業学校（現在の東京工業大学）の誘致なども行ない、沿線の設備も充実させる一方、池上電気鉄道などの近隣の私鉄の買収にも積極的だった。現在の感覚では、卓越《たくえつ》したM&A戦略の持ち主ともいえる経営者ではあるものの、強引な企業買収の姿勢は、「強盗慶太」との悪名を天下に知らしめるほどだった。

五島慶太は東急グループの実質的な創業者として君臨《くんりん》し、東急グループを一大総合企業へとつくりあげた。五島慶太は首都圏における沿線ビジネスを確立した人物として、「沿線格差」を意識的に事業戦略に組みこんだともいえる。

ここに都市内での格差のありようとしての、「沿線格差」が生まれたのだった。

大震災が都市住民の郊外移転のきっかけに

大正期の東京を語るうえで欠かせないのは、1923（大正12）年9月1日の関東大震災である。いまの感覚でいえば狭すぎる旧東京市にぎっしりと人が住んでいる状況が、これを機に終わり、住宅地が拡散し始めたのだ。

この地震による都市の被害は甚大《じんだい》なものだった。鉄道は不通となり、上下水道や電気・ガスが損害を受けた。被災した住民は、皇居前広場や日比谷公園、上野公園などに避難した。その後、元の土地にバラックを建てるようになった人がいる一方で、東京を離れる人も出た。

壊滅した大都市東京では、復興の動きも始まった。内務大臣後藤新平《ごとうしんぺい》は大規模な都市づくりをめざしたものの、政府の反対で規模を縮小し、帝都復興院総裁として幹線道路や交通、公園などの整備を中心とした復興案をつくった。しかし、さらに規模は縮小される。それが現在の東京の大本になる。

関東大震災で、66万人の東京市民が市街地を離れた。そのうち31万人は郊外に定住することになる。定住先は、東京の山の手西部エリアである。旧来は農村部であったエリアにも、住宅が増えていった。どこに生活の拠点を置くかといえば、都心に行きやすい鉄道の沿線である。

ここに、鉄道沿線に人々が暮らし、都心に通うというライフスタイルが生まれた。そして、その時代状況にあわせて、私鉄網が広がっていった。

鉄道網の拡大と住宅地整備の関係とは

私鉄各社は、鉄道事業の充実とあわせて、宅地分譲事業にも力を入れていった。

西武鉄道の前身である武蔵野鉄道は、箱根土地を経営する堤康次郎《つつみやすじろう》の支配下になったのちに、不動産事業に力を入れた。早稲田大学在学中から企業経営をしていた堤は、軽井沢や箱根の別荘地を開発することでその事業を大きく展開していた。堤の事業拡大への意欲はすさまじく、「ピストル堤」と呼ばれた。

堤の認識のひとつに、不動産開発や観光開発には交通機関の存在が欠かせないというものがあった。伊豆や箱根の開発の際に駿豆《すんず》鉄道（現在の伊豆箱根鉄道駿豆線）を買収したことがある堤は、1924（大正13）年に大泉学園都市の土地開発を行なうのに必要だからという理由で、武蔵野鉄道を買収する。

さらに、小平《こだいら》学園都市の開発に関係して国分寺から村山貯水池までの鉄道建設を計画し、1928（昭和3）年に多摩湖鉄道（現在の西武多摩湖線）を開業した。また箱根土地は、中央本線の国分寺と立川の間に資金を提供して駅を誘致した。この国立《くにたち》駅の開業により、学園都市ができることになった。

土地開発は「強盗慶太」や「ピストル堤」の専売特許ではない。ほかの鉄道でも分譲地を新中間階層に提供する動きが進む。

小田原急行鉄道と成城学園が手を組んで、現在の成城学園前駅周辺付近に住宅地がつくられるようになった。また同様のやり方で、玉川学園前駅周辺にも住宅地がつくられた。ほかにも、現在の中央林間駅を中心に、「林間都市」を設けた。

東武鉄道は、常盤台《ときわだい》住宅地を東武東上線沿線につくり、その住宅地利用者のための武蔵常盤駅（現在のときわ台駅）を開業した。

京成電気軌道（現在の京成電鉄）では、二

成城学園前駅周辺は碁盤の目のように整えられた道路が特徴的

代目社長の後藤圀彦《ごとうくにひこ》が分譲事業に力を入れ、鉄道事業だけでは厳しい企業体制を補《おぎな》うようにした。

このほかにも、鉄道があるという利便性により、さまざまな業者が私鉄沿線で宅地開発を行ない、それが鉄道利用者の増加という数字に現れることになった。

私鉄沿線の宅地開発は、地盤の固い東京の「西側」でおもに行なわれ、そのエリアが郊外住宅地として人気が高まっていった。その一方、「東側」の私鉄でも実施されており、それが経営基盤の強化につながってもいった。

ただ、そんななかでも現在の江東区などは木造住宅の密集地域のままであり、郊外のゆったりとした住環境とは異なる世界となっていた。「下町」と「山の手」が対比されるようになり、都市では地域による格差が見えやすくなり、「山の手」の豊かさは西側の郊外へと広がっていった。

とくに「山の手」的であるといえるのが、やはり五島慶太の**東京横浜電鉄**である。学校の誘致を積極的に行なった。慶應義塾大学予科や東京府立高校（現在の東京都立大学）、日本医科大学の誘致を手がけ、沿線を学園都市にしようとした。

堤康次郎も土地開発とあわせて学園誘致をするものの、国立への東京商科大学（現在の一橋大学）誘致は中央本線沿いということもあり、ビジネス上のプレゼンスを高めるものではあっても、直接、鉄道と関係があるわけではなかった。

戦火のさなか、関東私鉄の合併が進む

太平洋戦争中の１９４３（昭和18）年、東京は「東京府」から「東京都」になった。旧東京市のエリアは、特別区となった。

戦時下、工業生産が強化され、関東圏の私鉄は多くの通勤客が利用するようになった。東京急行電鉄の武蔵小杉周辺や、京浜急行電鉄沿線など、工場が多くある地域に向けて通勤客の利用が増えた。

また、これまで進められてきた私鉄沿線の宅地開発のなかで、都心から遠いということで、なかなか人が住まなかったエリアにも多くの人が暮らすようになり、鉄道による通勤利用は盛んになっていった。

さらには、戦時の対応のために工業製品の増産が強化され、そのために働く人が多数必要になり、増えていく工場労働者の輸送を鉄道が一手に担うようになっていく。

この前から、東京圏の私鉄は再編が進んでいた。１９３８（昭和13）年4月に公布された陸上交通事業調整法により、東京市内の路面電車とバスは市営（のち都営）に、地下鉄は民営だ

ったものが、帝都高速度交通営団になる。私鉄も4つのグループに再編されていった。

堤康次郎は、1943年6月に箱根土地の子会社として西武鉄道（現在の西武鉄道とは別会社）を傘下《さんか》に収め、武蔵野鉄道と一体のグループとなった。

東武鉄道は、総武鉄道（現在の東武野田線）などを1943年に合併し、現在につながる広域的な路線網を築き上げた。**京成電気軌道**は、バス路線の再編を進めた。

この陸上交通事業調整法でもっとも重要なのは、「大東急」である。東京の城南（旧江戸城の南側から南西部にかけての地域）エリアの私鉄がすべて、東急となったのだ。「強盗慶太」がもっとも本領を発揮した時代である。

1942（昭和17）年7月に**小田急電鉄**と**京浜電気鉄道**を合併、1944（昭和19）年5月には**京王電気軌道**を合併する。その後、**相模鉄道**の運営が東急に委託されることになる。もちろん、バス事業者も多くが東急の傘下になった。一方で、現在の南武線や鶴見線のように、国有化された路線もある。五島慶太は多くのビジネスを手がけ、これにより東急グループは拡大していった。この間、五島は1944（昭和19）年に運輸通信大臣に就任する。

複雑な鉄道やバス網が整理され、経営がシンプルな状態になっていたものの、戦局は悪化し、1945（昭和20）年8月に終戦となった。

戦争に向けてさまざまな産業が統制され、都市部の鉄道は戦争を間接的に支える労働者を運ぶのに力を入れていたものの、その役割を終えることになった。

加えて、都心部は東京大空襲で大きな被害を受け、戦争の末期には仕事どころではない状態となり、多くの人が地方に疎開していった。それゆえ、東京圏の人口は減少していった。

関東大震災、東京大空襲と東京は2度の大きな被害を受けた。関東大震災から立ち直った東京も、再度つくり直さなければならなくなった。

戦後の住宅不足の解消に私鉄が果たした役割とは

終戦後、多くの人が東京圏に戻る。疎開していた人もいれば、戦争から復員してきた人もいた。都心部にはヤミ市ができ、駅の地下道などには「戦災孤児」の姿が見られた。

都市住民は家屋の不足に苦しんでいた。失われた家屋76万8000戸をどうするかという課題があった。焼け跡にバラックを建てたり、防空壕を修理して暮らしたケースも多かった。焼失しなかった家屋でも、数世帯が同居してしのいでいるというのが当たり前だった。

そんななかで、旧来の東京35区は23区へと再編され、「特別区」となった。東京の復興も進み始めていた。1945（昭和20）年11月に戦災復興院が発足、都市計画を立案したが、占領軍がいた関係で理想的な復興は困難であり、都の財政も脆弱《ぜいじゃく》だった。土地区画整理事業も想定よりも進まない。

そんな状況でも、私鉄の「沿線」ともいうべき都心部ではないエリアでは、戦災の被害も少なく、まだ農地であるところも多かった。

都心部に多くの人が住むなかで、住環境が快適とはいえない状態で暮らす家族を、どう郊外へ移していくかということも、政策的に考えられた時代である。

住宅不足から、大量の住宅を供給する政策が次々と展開されるようになった。まずは住宅金融公庫の設立である。個人住宅を建設しようとする国民に長期・低利の融資をするというものだ。資金の供給により、民間での住宅建設を促進しようとした。

次に公営住宅法の制定である。低所得者向けの住宅を国庫補助で地方自治体が建設することができるようになった。

そして、住宅公団の設立である。大規模な団地供給を行なうことを目的とした。

このように、都心部の風呂なしアパートから公営住宅へ、その後公団の団地へ、最後には郊外の持ち家という「住宅すごろく」ができるようになってきたわけだ。

ここで大きな役割を果たしたのは、私鉄を含めた鉄道と、バスである。公営住宅や団地は大規模な集合住宅であり、都心から離れた私鉄駅の近くや、あるいはそこから離れた場所へのバス便が通勤手段として大きな役割を果たすことになった。

都心部の住宅不足は一転して、ふたたび郊外の私鉄沿線を住宅地として注目させるようになる。こういった開発は、23区の辺縁《へんえん》部から始まり、しだいに首都圏全般へと広がっていくようになった。そこでどう開発が進むか、どんな人が住むかが、「沿線格差」をさらに拡大させる一因となった。

大規模なニュータウン誕生の背景とは

各私鉄、あるいは国鉄の沿線で、住宅の開発が進んでいった。一戸建て用の宅地開発もあれば、団地のような集合住宅の開発もあった。都心部に野菜などを供給していた農地は、宅地へと切り替わった。その時代の名残《なごり》で、いまも農地として残り続けているところもある。

住宅公団の団地は人気を集めた。入居するには高倍率の抽選で選ばれるしかなかった。住人の大多数は大卒サラリーマンの核家族であり、団地暮らしが新しい生活スタイルとして多くの人から羨望《せんぼう》のまなざしで見られるようになった。

鉄道会社も、こうした時代に宅地開発を進めていった。**京王帝都電鉄**（現在の京王電鉄）の「京王桜ケ丘住宅地」は1区画で50坪以上、平均１００坪という高級住宅地だった。

住宅地は、まずは東京の西側や南側から開発が進んでいった。私鉄でいうならば、**東急**や**小**

田急、**京王**といったところである。**京急**や**西武**、**東武東上線**がそれに続く。その後、**東武伊勢崎線**や**京成電鉄**の沿線、すなわち東京の北部や東部にも、住宅が広がっていった。

はじめに西側や南側の私鉄沿線で宅地開発が進んでいったのは、もともと私鉄に宅地開発のノウハウが蓄積されているということも大きいが、何よりこれまで「山の手」に住んでいた人がさらに西側へ向かう傾向があったからだ。

そんな状況のなかで、小規模業者による乱開発も行なわれるようになり、それを防ぐために計画的に住宅地をつくろうとする動きが、鉄道会社や自治体、その他公的機関のなかで生まれるようになった。

大規模なニュータウンは、そんな背景のも

多摩ニュータウン開発初期に建てられた永山団地

とでつくられた。公的機関がつくった大規模なニュータウンとして、多摩ニュータウンがある。多摩ニュータウンは、日本最大のニュータウンであり、公的機関主導でつくられた。そこに、**京王帝都電鉄**と**小田急電鉄**が乗り入れ、都心への通勤輸送を担った。

高度成長期の終わりから近年に至るまで、長い時間をかけてつくられたこのニュータウンでは、鉄道とバスを中心としたまちづくりが行なわれ、都心から離れていても公共交通の利便性を享受できるようになっていた。当時は加算運賃があったとはいえ、京王も小田急も比較的運賃の安い私鉄である。当初の多摩ニュータウンの住宅は狭かったが、開発が進むにつれて住環境もよくなっていった。

そして私鉄も、みずからの主導によってニュータウンをつくるようになった。有名なのは**東急グループ**の多摩田園都市である。これについては後述する。

住宅地の開発にあわせて、鉄道も輸送力を増強していった。車両の大型化や長編成化で対応し、混雑率は緩和していった。

混雑改善のために国鉄がとった作戦とは

私鉄沿線が開発につぐ開発で住民を増やすなか、もともとある程度の人口がいた国鉄沿線も、やはり人口が増え、列車は混雑していくようになった。

国鉄自体は住宅開発を行なわなかったものの、沿線の団地住民を都心に輸送するという役割は私鉄と変わりなく、しかも住宅開発による利益という「うまみ」もなかったため、面倒なことを押し付けられたという側面はある。

それでも、混雑の改善はやらなければならない。そこで出てきたのが、東京圏の通勤を改善する「通勤五方面作戦」である。内容は複々線化と鉄道車両の長編成化である。地下鉄への相互乗り入れも行なわれた。

東海道線方面では、横須賀線は東海道線と線路を共有していたものを品川から大船まで貨物線を旅客化して分離し、東京から品川までは地下区間とした。中央線方面は、御茶ノ水から中野までの複々線を、三鷹まで延長した。また、中野から三鷹までの区間では、営団東西線と相互乗り入れした。

東北本線・高崎線方面は、赤羽から大宮の間で京浜東北線と一緒の線路を使用していたのを、貨物線に中距離電車を走らせるようにし、さらに貨物線を増設した。常磐線方面は、複々線化で中距離列車と各駅停車を分離し、各駅停車は営団千代田線と相互乗り入れした。総武線方面は複々線化し、中距離列車は東京駅に乗り入れ、横須賀線と直通運転した。

この頃、私鉄や国鉄は営団・都営の両地下鉄と相互乗り入れする傾向が強まっており、ターミナルの混雑を緩和しようということになっていた。相互乗り入れで、都心に向かいやすい路線の人気はさらに高まっていった。都心への利便性のよしあしが、「沿線格差」の強化へとつながっていったのだ。

多摩田園都市が「沿線開発の最高傑作」とされる理由

東京圏の私鉄のビジネスモデルとして、「沿線丸抱えビジネス」というのがある。その能力がもっとも高いのは、**東急グループ**である。

東急グループは創業以来、鉄道だけではなく沿線開発にも力を入れ、東急グループの沿線は住みよい沿線となり、環境のよさもあってか、高学歴・高所得の人が住むようになっていった。

その東急グループの最高傑作が、多摩田園都市である。もちろん、ほかの公共機関や私鉄によるニュータウンや住宅開発も優《すぐ》れているのだが、多摩田園都市は際立《きわだ》って優れた沿線開発となっている。

多摩田園都市は、**東急田園都市線**の建設と一体となって開発され、東京急行電鉄が土地区画整理事業から一括代行するほど、東急グループが深く関与する開発となった。多摩田園都市は、1950年代から土地の買収を開始し、長期的に計画が進んでいった。

多摩田園都市が開発される以前、大井町線は大井町から二子玉川園（現在の二子玉川）を経由し、溝の口に至る路線だった。この路線を延長して、多摩田園都市の中心となる交通機関を建設しようとした。

１９６６（昭和41）年4月に田園都市線の溝の口から長津田《ながつた》までが開業した。すでに大井町から溝の口の間は、１９６３（昭和38）年10月に田園都市線と改名されていた。長津田から先は少しずつ延伸し、１９８４（昭和59）年4月に中央林間まで開業した。

この間、都心方面への行き先が大きく変わる。

１９７７（昭和52）年4月に渋谷から二子玉川園まで、新玉川線が開業した。その頃は田園都市線から新玉川線への直通はなかったが、同年11月に直通快速が運転を開始するようになった。１９７９（昭和54）年8月には田園都市線と新玉川線の全列車直通運転が開始される。このときに大井町から二子玉川園まではふたたび大井町線となる。その後、２０００（平成12）年8月には渋谷から二子玉川までもが田園都市線と改名された。

渋谷からの直通パートナーは、営団半蔵門線である。半蔵門線は当初は青山一丁目までだったが、永田町、半蔵門、三越前、水天宮前《すいてんぐうまえ》と延伸を続け、２００３（平成15）年8月までには押上へと到達し、**東武**・営団・**東急**の3社が相互乗り入れすることになった。

田園都市線は、当初は大井町へ向かったが、途中から都心オフィス街へ向かうようになり、あわせて輸送力も増強していった。都心へのアクセスがいい路線として、多摩田園都市には多くの人が暮らすようになった。

東急グループは単純に住宅地と利便性のいい鉄道を提供しただけではなく、よりよい生活環境を整えていった。各駅近くには商業施設を設け、とくにたまプラーザには「たまプラーザ東急ＳＣ」や東急百貨店を設置、現在はそれらをあわせて改名し「たまプラーザテラス」となっている。なお、百貨店自体は「東急百貨店」として存続している。

郊外の穏やかな住環境、利便性の高い生活空間、都心へのアクセスのよさで、多摩田園都市は一大人気住宅地になっていった。田園都市線沿線には、生活に余裕のある人たちが多く暮らすようになり、高級住宅街となった。

東急百貨店たまプラーザ店などが入居する「たまプラーザテラス」

バブル期に郊外の開発がさらに進んだ事情とは

バブル景気が昭和の末期に始まると、都心部の地価は大きく上昇し、東京圏全体の地価も上がっていった。その影響で、都心から離れた郊外に住宅を求めようとする動きが出てくる。

周辺部の駅でも大規模な再開発が行なわれ、東京圏全体が活気のある地域となっていった。都心のターミナル駅からかなり離れたところでも宅地開発が進み、また地価の上昇をあてこんで土地を購入する人も出現した。ふだんの生活は郊外のクルマ社会で、仕事は都市へ鉄道で通勤というライフスタイルを選ぶ人が増えていった。大型スーパーを中心とする大きな商業施設が各地にできていく。

人々は長距離通勤をいとわず、マイホームで暮らして住宅ローンを返すために一生懸命になり、それが沿線ライフスタイルと強固に結びついていった。

そのなかで私鉄沿線では、駅が街の中心となり、その周りに商業施設が集まり、さらにその周辺に住宅地ができるというスタイルの地域ができていった。そのあたりがとくに得意だったのはやはり**東急グループ**で、東急の駅周辺には東急ストアがあるという光景がしばしば見られるようになった。この頃になると多摩田園都市の開発もいよいよ終盤となり、郊外の住宅地が完成していくようになっていった。

一方、バブル期には都市の開発も進んでいく。これまで工業用地だった地域や、埋め立て地として整備されていた地域が、オフィス街や住宅街となるところもたくさん見られるようになった。臨海副都心計画は世界都市博覧会の中止もあり、いったんは頓挫したかに見えたが、のちに湾岸エリアの開発も進んでいく。

都心への人口集中で露《あら》わになった「沿線格差」

バブル崩壊後、不況が長い間続くと、日本社会が不平等であることや、格差社会であることが問題視されるようになっていった。そのなかで、日本では都市に何もかも集中させることにより、経済の活性化をめざすようになる。

これまで都心部で空き地だった広大な用地を高層住宅やオフィスとして再開発し、そこに人を集めようとする方針が、官民一体となって進められていった。東京は、グローバルな都市間競争に勝つために一極集中を進め、日本中からカネも人も集めるということになっていった。

都市と地方の格差が拡大し、一方で都市内の格差もまた大きく見えるような社会になり、「沿線格差」という言葉も現実に生まれてきた。

むろん、鉄道各線は都心部から郊外へ路線を延ばしているため、都心部から離れていくにつれ地価は安くなり、人々の所得なども下がっていくというのが以前からのことである。しかし、沿線ごとに暮らす人の所得や学歴、ライフスタイルなどに差ができるようになり、それに鉄道各社のサービスの違いも相まって、沿線ごとの格差が拡大するようになった。

それにともない、東京圏にある各地ごとの格差がクローズアップされることになり、東京は格差と不平等の一大展示場となっていった。

一方でそれは、画一視されてきた東京圏にも違いがあり、それぞれの個性が見られるということも示している。

都市部に何もかもが集中し、東京だけが日本で発展しているように見えるものの、その東京でも格差があり、よくいえば多様性がある都市、悪くいえば不平等な都市となっていったのである。東京圏は広いエリアになっていったものの、「格差社会」としての側面がクローズアップされていったのだ。

近年では都心周辺には寝るためだけの部屋とトイレ・シャワーしかない非常に狭い部屋が増えていった。長時間労働も問題になっている時期であり、どうせ職場にいつもいるのだから、という理由でそのような部屋が注目されるようになった。

首都圏各私鉄の「沿線格差」が話題になる一方、都心への人口集中も進み、人々のライフスタイルが大きく分かれる状況になっていった。

コロナ禍で、私鉄のビジネスモデルが再注目された

そんななかで、元号は平成から令和に変わった。東京23区のマンション価格は高騰を続け、一方でニュータウンエリアの住民は高齢化していく。東急グループなどは沿線価値をどう維持していくかの取り組みに注力していった。

２０２０（令和２）年に入ると、新型コロナウイルスの感染が拡大し、外出もままならない事態になっていった。仕事は在宅勤務が増え、電車通勤も減った。

都市部の会社への通勤の利便性よりも、住環境のよさが求められる時代になった。東京23区よりも、その周辺の住宅地が注目され、賃貸物件はどんどん埋まっていった。郊外には「パワービルダー」と呼ばれる建売住宅分譲会社の家が次々に建ち、売れていくようになる。

ここで、鉄道と沿線の発展をともに生かした私鉄のビジネスモデルが、再注目されるようになる。鉄道事業自体は厳しいものの、これまで長い年月をかけて鉄道会社とその沿線自治体がつくりあげてきた地域が、暮らしやすい地域であり、住生活を送っていくのに適していることが立証できるようになったからだ。

コロナ禍がもっともひどい時期でも、鉄道会社は鉄道事業は厳しくても、スーパーマーケットなどの流通事業で稼ぎ、不動産事業でも住宅事業はけっして悪くはなかった。**東急グループ**のように、電力小売り事業や、ケーブルテレビ（インターネットプロバイダー事業も含む）などへの取り組みが功を奏したところもある。コロナ禍で人々は在宅で生活することが多くなり、郊外生活のよさを実感した人も多かったのではないだろうか。

一時は在宅勤務などが推奨《すいしょう》されたものの、コロナ禍が収束に向かうとともに多くの人が会社に通勤するライフスタイルに戻っていった。どの沿線地域の住民が会社に通うスタイルに戻っていったかについても、濃淡がある。

東急電鉄では、これまで通勤していた人のなかに在宅勤務で問題がない人が沿線住民に多くおり、定期券収入などが下がっているという状態になった。東急電鉄の沿線は快適な住環境であり、在宅で問題がなければわざわざ鉄道に乗って出かける必要もないのである。その住環境を創業以来ずっと整えてきたのだ。このような鉄道事業の厳しさと、駅設備等の向上のため、2023（令和5）年3月に運賃の値上げを行なった。

もともと、東急電鉄の運賃は私鉄業界内でももっとも安いグループであり、「沿線格差」の議論では東急沿線は経済的に豊かな層が暮らしているエリアでありながら、運賃の安さが目立つ状況にある。

また、テレワーク可能な仕事についている人が多いというのも、経済的に豊かな層が沿線に暮らしているということである。

デスクワークの仕事、それも職場からモバイルパソコンを供与されるような仕事で、オンラインで仕事が完結するようなシステムがすでに用意されている。このような会社は大企業で、現場ではなく管理部門であることが多い。それも、知的労働をしている層である。

テレワークが可能な仕事か、そうでない仕事かというのが「格差」の焦点となり、それが「沿線格差」とも関係しながら、鉄道会社の収益構造にも影響していく。

同様の趣旨での値上げは、２０２３年秋に**京王電鉄**でも行なわれた。一方で、コロナ禍のピーク時には一段落ついていた都心部マンションの値上がりも再開し、都心のマンションはなかなか手に入りにくいものとなっている。

そんななかで郊外が注目され、郊外の駅に近いマンションや、あるいは戸建ての住宅の人気も高まり、これまで私鉄各社が積み重ねてきた「住みやすさ」のストックがベースとなり、「選ばれる沿線」を競う状況となっている。

2

東急・東武・小田急・京王・西武・京急・京成・相鉄沿線の魅力を比較する

富裕層が多く集まっている路線は?

さまざまな統計を見ていると、算出の方法には違いがあるものの、所得が高い人が暮らしているエリアは東京都の中心部、城南エリア、中央線沿線、神奈川県の**東急線**沿線といったところが多い印象を受ける。

私鉄沿線という観点で見ると、**京王・小田急**の都心寄り、**東急電鉄全線**、といったエリアが高所得層の暮らす地域となっているのではないだろうか。

都心部のタワーマンションに富裕層が暮らしたがる傾向はあるものの、そうでもない昔からの住民は、私鉄沿線を離れない。

とくに、田園調布や日吉といった古くからの高級住宅街を抱える**東急東横線**沿線は、大卒の大手企業従業員が多く、その層が住み続けていることから、平均所得が多い街を走っているということになる。

また、横浜市の青葉区などを走る**東急田園都市線**は、以前に郊外に移り住んだ高学歴・高所得層が暮らし続けている傾向がある。

その他、成城学園などの高級住宅地を抱える**小田急**や、仙川《せんがわ》といった古くからの住宅地のあ

東京都の平均所得上位10自治体と、そのエリアを走るおもな鉄道

順位	自治体名	その自治体エリアを走るおもな鉄道
1位	港区	東京メトロ、都営地下鉄など
2位	千代田区	東京メトロ、都営地下鉄、JR東日本など
3位	渋谷区	東京メトロ、JR東日本、東急電鉄など
4位	中央区	東京メトロ、都営地下鉄など
5位	目黒区	東急電鉄、京王電鉄、東京メトロ
6位	文京区	東京メトロ、都営地下鉄など
7位	世田谷区	京王電鉄、小田急電鉄、東急電鉄
8位	新宿区	JR東日本、東京メトロ、都営地下鉄、西武鉄道
9位	武蔵野市	JR東日本、京王電鉄、西武鉄道
10位	品川区	JR東日本、京急電鉄、東急電鉄、東京メトロなど

＊総務省「市町村税課税状況等の調査」を参考に作成

る**京王**も、沿線に平均所得の多い街があるといえる。

高級住宅地の多くは、中央線と東海道線の間のエリアにあり、一時は「大東急」となったエリアに存在しているといえる。

参考までに、上に東京都の平均所得上位10自治体と、そのエリアを走るおもな鉄道を挙げてみた。

所得が圧倒的に高いエリアは「沿線」とはいえないものの、その次に来るエリアは十分に沿線であり、JR東日本の中央線や**東急**、**小田急**、**京王**の沿線に経済的に豊かな層が暮らしている。

また、沿線のなかでも、23区の西側から多摩地区東部に富裕層が暮らしており、その傾向は都県境を越えた神奈川県川崎市や横浜市でも続いている。

〝ブランドタウン〟が連なる路線は？

その地域そのものの名前が知れ渡り、その地域に暮らすことで人が高い評価を受けるような地域を、「ブランドタウン」といっていいだろう。首都圏の私鉄沿線には、そういった地域があるところが多い。

ひと言で「ブランドタウン」といっても、高級住宅街や、近年の開発で栄えるようになった地域といろいろある。だが、多くの「ブランドタウン」は私鉄があってこそ成立したものであり、鉄道会社がよりよい生活環境をつくり出すことを意識しているというのは確かである。

「ブランドタウン」は、東京の西側に多く存在する。東京の東側の代表的な私鉄である**東武鉄道**でも、「西側の路線」というのは存在する。**東武東上《とうじょう》線**だ。戦前から開発された高級住宅街として、ときわ台駅周辺の住宅街がある。

私鉄は都市開発に力を入れてきたところが多い。たとえば**西武鉄道**である。**西武池袋線**の石《しゃく》神井《じい》公園《こうえん》駅周辺や大泉学園駅周辺は、利便性の高い住宅街として知られる。また、**西武多摩湖線**の一橋学園駅も、「学園都市」として人気の高い住宅地として知られている。西武鉄道沿線とは直接関係がないものの、西武グループの創業者・堤康次郎《つつみやすじろう》は国立《くにたち》という学園都市をつくった人物だ。古くからの地域開発としては、**京王電鉄**の聖蹟《せいせき》桜《さくら》ヶ《が》丘《おか》周辺の住宅地も挙げられる。

　ブランドタウンは「学園」と結びついていることが多い。たとえば**京王電鉄**の仙川駅周辺は、桐朋《とうほう》学園の一大拠点であり、また白百合女子大学があることでも知られている。**小田急電鉄**では、成城学園前駅周辺が高級住宅地であり、駅名の通り成城学園がある。

　ちなみに地域全体が栄えているところとして「ブランドタウン」といえるのは、**京王井の頭線**の終点・吉祥寺駅のある吉祥寺といえるだろう。同駅周辺は武蔵野市である。

　さて、古くからある住宅地や、「学園」のある住宅地、地域が栄えているところをすべて備えている私鉄は、**東急電鉄**であるといっ

大泉学園駅周辺にはタワーマンションや大型商業施設が立ち並ぶ

てよい。東急はそもそも「田園都市株式会社」として創業し、地域開発を鉄道事業と並ぶ一大事業として取り組んできた。

東急における古くからの「ブランドタウン」といえば、**東急東横線・目黒線**の田園調布駅周辺である。自治体では大田区に属する。田園調布駅周辺には有名人や富裕層が多く暮らし、タワーマンション全盛の時代になる前は多くの人があこがれる住宅街だった。目黒線で隣にある奥沢駅周辺も高級住宅地である。

「学園」といえば、なんといっても**東急東横線**の日吉駅周辺だろう。慶應義塾大学のキャンパスがあるだけではなく、高等学校や普通部（中学校）があり、ブランド私学・慶應義塾の一大拠点となっている。日吉駅は神奈川県横浜市にある。

そのほかにも、**目黒線・大井町線**の大岡山駅近くには東京工業大学があり、移転してしまったが「学芸大学」「都立大学」の両駅が東横線にはある。このあたりも「ブランドタウン」といえる。

東急グループが開発した多摩田園都市は、「ブランドタウン」の一大集積地といえる。高級住宅街では、たまプラーザ駅周辺や青葉台駅周辺があり、いずれも横浜市青葉区にある。住環境の評価が非常に高い地域であり、「住みたいまち」としてかつては多くの人が殺到した。

オフィスや商業施設などの集積地としては、二子玉川駅周辺が挙げられる。二子玉川駅は東京都世田谷区にあり、世田谷区内でも活気がある地域として知られている。楽天グループの本社や、玉川高島屋S・Cがあることで多くの人が集まる地域だ。

東京の西側には多くの「ブランドタウン」があるが、もっとも「ブランドタウン」が多いのは、**東急電鉄**沿線であるといえるだろう。経済的にも文化的にも豊かな層が集まるのは必然であり、東急グループもそういった住民を沿線に集めようと考えていたのではないか。

沿線の平均家賃が高い路線は?

住宅情報サイト『SUUMO』は、各地の家賃相場を集計し、公開している。

地域別で見ると、1K・1DKといった、1人暮らしにおける標準的な住宅でもっとも家賃が高いのは港区であり、11万円となる。次いで、千代田区、渋谷区となる。

いわゆる、「沿線」と呼べるような私鉄路線があるところでは、目黒区が9・7万円、墨田区が8・7万円、世田谷区が8・5万円、荒川区が8・0万円、大田区と杉並区が7・9万円、このあとに武蔵野市、板橋区、練馬区と続く。そのあとに調布市となる。

まず、なんといっても**東急電鉄**沿線の家賃が高く、**小田急**や**京王**がそれに続き、**西武**も出てくる。墨田区を走るのは**東武伊勢崎線**、荒川区は**京成本線**だ。東武伊勢崎線が走る足立区は調

東京都内の1K／1DKの賃料相場ランキング

順位	自治体名	金額	順位	自治体名	金額
1位	港区	11.0万円	15位	北区	8.0万円
2位	千代田区	10.4万円	17位	杉並区	7.9万円
3位	渋谷区	10.2万円	17位	大田区	7.9万円
4位	中央区	9.8万円	19位	武蔵野市	7.6万円
5位	目黒区	9.7万円	20位	板橋区	7.5万円
6位	新宿区	9.5万円	21位	練馬区	7.3万円
7位	台東区	9.3万円	22位	調布市	7.2万円
8位	江東区	9.0万円	23位	三鷹市	7.1万円
9位	品川区	8.8万円	23位	葛飾区	7.1万円
10位	墨田区	8.7万円	23位	足立区	7.1万円
10位	文京区	8.7万円	26位	立川市	7.0万円
12位	世田谷区	8.5万円	26位	江戸川区	7.0万円
13位	豊島区	8.3万円	28位	狛江市	6.9万円
13位	中野区	8.3万円	28位	小金井市	6.9万円
15位	荒川区	8.0万円	30位	国分寺市	6.6万円

＊「SUUMO」ホームページ内「東京都の家賃相場情報（2023年10月10日現在）」を参考に作成

布市より低く、京成本線が走る葛飾区や江戸川区は足立区とほぼ同じである。「沿線」として比較的家賃が高めといえるのは、東京の西側である。

　神奈川県も見てみよう。もっとも家賃が高いのは川崎市中原《なかはら》区であり、武蔵小杉駅の影響が強い。**東急東横線・目黒線**とＪＲ東日本南武線・横須賀線の接続駅である。横浜市中区は横浜市の中心部で、「沿線」というのとはちょっと違う。川崎市幸《さいわい》区には私鉄は通っていない。ランキングでは、しばらくは横浜市・川崎市の中心部が続く。

神奈川県内の1K／1DKの賃料相場ランキング

順位	自治体名	金額	順位	自治体名	金額
1位	川崎市中原区	7.8万円	16位	三浦郡葉山町	6.8万円
2位	川崎市幸区	7.5万円	17位	横浜市泉区	6.7万円
2位	横浜市中区	7.5万円	17位	横浜市緑区	6.7万円
4位	横浜市西区	7.4万円	17位	横浜市港南区	6.7万円
4位	横浜市神奈川区	7.4万円	20位	横浜市青葉区	6.6万円
6位	川崎市高津区	7.3万円	20位	横浜市金沢区	6.6万円
6位	川崎市川崎区	7.3万円	22位	藤沢市	6.5万円
6位	横浜市都筑区	7.3万円	22位	横浜市保土ケ谷区	6.5万円
9位	横浜市港北区	7.2万円	24位	横浜市戸塚区	6.3万円
10位	逗子市	7.1万円	25位	川崎市麻生区	6.2万円
10位	鎌倉市	7.1万円	25位	川崎市多摩区	6.2万円
10位	横浜市鶴見区	7.1万円	25位	横浜市旭区	6.2万円
13位	川崎市宮前区	6.9万円	28位	茅ヶ崎市	6.0万円
13位	横浜市磯子区	6.9万円	29位	大和市	5.9万円
13位	横浜市南区	6.9万円	29位	横須賀市	5.9万円

＊「SUUMO」ホームページ内「神奈川県の家賃相場情報（2023年10月10日現在）」を参考に作成

次いで出てくるのは鎌倉市や逗子《ずし》市。住宅街では川崎市宮前区が入り、**東急田園都市線**沿線である。続く横浜市磯子《いそご》区はJR東日本根岸線沿線。横浜市緑区は**東急田園都市線**沿線、横浜市泉区は**相鉄いずみ野線**沿線である。少し下に**東急田園都市線**沿線の横浜市青葉区や、小田急線沿線の川崎市多摩区、川崎市麻生《あさお》区が入る。

家賃の高さと沿線、という観点で見ると、都心からけっこう離れているのに家賃が高めというエリアがある一方、23区内でも家賃が安めの沿線があるということにも着目したい。都心に近い割に家賃が安めなところは、**東武伊勢崎線**や**京成本線**といったエリアに集中している。

都心部の家賃が高いのは傾向として出ているものの、それに続くのは都心への近さを売りにする路線か、ブランド力を売りにする路線か、それぞれが拮抗《きっこう》している状況であり、そのなかで「家賃高め・安め」というのが出ているといったところだろうか。

地価の高い地域を走る路線は?

首都圏の地価は、都心部がもっとも高くなっている。これは容易に想像できる。

しかし、都心から離れるにつれて同心円状に地価が下がっていくかというと、そうではないのである。世田谷区・杉並区といったところが異様に同心円の幅が広く、その後、鉄道沿線に沿って地価の高い地域が続いていくという状況にある。たとえば、**東急各線**沿線や**京王線**沿線では比較的地価が高めであり、駅周辺のみ地価が高いエリアというのも存在する。

首都圏の西側全体を見ると、鉄道路線沿線に地価の高いエリアがあって、そのあたりは私鉄もJRも変わらない。一方、**東武鉄道**沿線や**京成電鉄**沿線は、地価が安いという現実がある。

このように、都心から離れていくにしたがって地価が下がっていくのが本来の姿であるのにもかかわらず、一部には都心から離れてもなかなか地価が下がらないエリアが続き、そのあとにJR東日本の中央線や京王電鉄、東急電鉄沿線のように比較的地価の高いエリアが存在するのだ。

首都圏の私鉄とはかかわりがないものの、神奈川県鎌倉市にも地価の高いエリアは存在するから、交通の便がいいところか、住環境のいいところは地価が高い傾向があるといえる。

問題は、東京東側の東武鉄道や京成電鉄沿線よりも、東京西側の東急電鉄や京王電鉄沿線のほうが、都心に出るのに時間がかかっても地価が高いということである。

沿線の開発は、東京西側のほうが先に行なわれてきた。これは、東側に比べて地盤がしっかりとしているからでもあるだろう。しかし、これまで大雨による洪水の被害が多くあった江東区や江戸川区にも、近年は都心への近さから多くの人が住むようになり、また技術力によって湾岸エリアにもタワーマンションが建つようになった。技術力によって課題を克服した住宅は、新築時には比較的高い価格で販売される傾向があり、これらの存在が地域間格差を解消しているということはいえる。

だが、地価の高さでは、やはり東京西側の存在感は大きい。開発された年月の早さや、もともとあった地盤の固さというのもさることながら、ターミナルの位置も影響していると考えられる。

東武鉄道の場合は、ターミナルは浅草であるものの、浅草駅は長編成の列車が入れない駅であり、多くの列車は北千住や押上《おしあげ》から地下鉄に乗り入れる。また浅草駅は、山手線の外側にあり、都心に行くのにも乗り換えを要する。

京成電鉄の場合は、ＪＲに接続するのが日暮里《にっぽり》であり、京成上野駅とＪＲ上野駅は若干離れている。また、京成電鉄はもともと押上をターミナルとしていたが、その存在感はターミナルとしては低かった。現在は押上から都営浅草線に乗り入れている。かつて押上で接続していたのは、路面電車である。

一方、東京西側の私鉄は、渋谷駅や新宿駅、池袋駅などにダイレクトに接続し、ターミナルに直結している。

そのあたりの利便性の高さが沿線開発の際の強みとなり、多少遠くても東京西側に住もうという考えを抱かせるようになったと考えるのが妥当ではないだろうか。

その利便性が東京西側の鉄道の地価を上昇させ、「沿線格差」を生み出したといえるのだろう。

沿線に新築マンションが多く立つ路線は？

コロナ禍前は、多くの人が新築マンションを買おうとしていた。居住地として買い求めた人もいれば、将来の値上がりを期待して買い求める人もいた。当時は都心部でのマンション販売が過熱し、郊外はそれほどでもなかったが、コロナ禍は郊外の住宅需要も高めた。

近年の新築マンションの傾向として、「駅から近い」ことを強くアピールするというものがある。「駅直結」「駅徒歩○分」といったことを購入希望者に訴えかけ、利便性の高さを示すわけだ。

不動産サイト『SUUMO』で新築マンションを沿線ごとに検索すると、どれだけのマンションが扱われているかが数値で出てくる。検索日は2023（令和5）年10月25日である。

主要路線を見てみよう。

京急本線は都内9件、神奈川県内34件。**東急東横線**は都内15件、神奈川県内33件。**東急田園都市線**は都内15件、神奈川県内17件。**小田急小田原線**は都内20件、神奈川県内9件。**京王線**は都内36件。

西武新宿線は都内23件、埼玉県内7件。**西武池袋線**は都内27件、埼玉県内1件。**東武東上線**は都内20件、埼玉県内26件だ。

東京の東側ではどうか。

東武伊勢崎線では都内16件、埼玉県内8件。**京成本線**では都内12件、千葉県内10件である。

全体的な傾向を見ると、**東急**沿線や**京急**沿線のマンション開発が盛んであり、このあたりに住みたいと考える人が多くおり、それが住宅供給の多さにもつながっている。**京王線**や**小田急**

小田原線も同様である。

西武沿線は人気が都内に偏《かたよ》りがちではあるものの、**東武東上線**沿線は埼玉県内でも人口増があることを示すように新築マンションが多くなっている。

また、どちらかといえば、東京西側の物件は東側よりも価格が高い傾向がある。それでも東京西側のマンション供給が盛んなことを見ると、需要は高いのだろう。とくに京王沿線の勢いは強いといえる。

東急沿線では、同じ沿線内の住み替え需要に対して、駅から離れた一戸建てから、駅近の新築マンションへの移転をするようにうながしているところがある。それが、東急沿線の新築マンションの多さにつながっていると考えられる。

3

東急・東武・小田急・京王・西武・京急・京成・相鉄沿線の

生活環境を比較する

人口減少時代に乗客数を伸ばしている路線は？

総論としては、関東圏の大手私鉄はどこもが輸送人員を減らしている。一般社団法人日本民営鉄道協会が毎年発行している『大手民鉄の素顔』を見ると、コロナ禍前の２０１９（平成31／令和元）年度には、すでに東京メトロ以外の大手私鉄は前年度から輸送人員を減らしていたことがわかる。そして、コロナ禍ではさらに大きく減らしてしまった。これから先、かつてほどの乗客増が見込める路線はないのである。

ただ、コロナ禍の時期には、これまで都心で暮らしていた人が、住環境を見つめ直して郊外に引っ越す傾向が見られた。

私事ではあるが、２０２２（令和４）年の秋に東京都郊外の調布市内で引っ越しをした。当時住んでいた物件が建て替えのために取り壊しになるという事情があり、どうしても引っ越さなくてはならなかったのだ。しかし、調布エリアは人気が高まっているため、物件探しには非常に苦労した。こういった「郊外人気エリア」を抱えている路線が、乗客数を増やしていくということは、ある程度考えられるのである。

ラッシュ時の混雑率のデータを見ても、コロナ禍前ほどの回復には至っていない。**東急電鉄**

は、沿線在住者にテレワーク対応可能な仕事の人が多いため、元通りには回復しないと想定している。

ただ、通勤輸送はある程度は復調している。2022年の『大手民鉄の素顔』を見てみると、2021（令和3）年度は2020（令和2）年度に比べて、**東急電鉄**が11・3パーセント増、**京王電鉄**は11・2パーセント増、**小田急電鉄**は10・5パーセント増となっている。**東武鉄道**は8・6パーセント増、**京成電鉄**は8・0パーセント増、**京急電鉄**と**西武鉄道**は7・6パーセント増、**相模鉄道**は5・3パーセント増だ。暮らしやすい「郊外」を抱えている路線が、コロナ禍での輸送減のなかでも復調が進んでいるといえる。

テレワーク可能な職種が多く引っ越していったエリアでも、テレワークが終了したら、鉄道を使って通勤する人が増えるだろう。そのような意味では、今後、**東急電鉄**や**小田急電鉄**、**京王電鉄**の乗客が増えていくのではないか、と予想できる。

少子化という観点からは、子育て世代が住みよいエリアを抱える路線が乗客数を増やしていくと考えられる。

東京圏の郊外は人口が減少し、都心に集中しているという言説《げんせつ》がコロナ禍前まではあった。しかし一方で、千葉県の流山《ながれやま》市のように子育て世代の住みやすさをアピールしたまちづくりを行なうことで人口を増やし、市内中心部を走るつくばエクスプレスの利用者も増加するというケースもある。

その意味でいうと、コロナ禍前から人口が増え続けている東京都調布市を抱える**京王電鉄**沿線は、将来は利用者が増えるという見込みも立てられるのである。

ただ、調布駅の現状のダイヤを見てみると、通勤ラッシュのピーク時間帯の列車本数は以前よりも減っており、ラッシュに近い時間帯でも「特急」が走るようになった。いずれダイヤを再検討することも必要ではないだろうか。

学生や若者が住みやすい路線は?

学生や若者が住みやすい路線とは、大学や会社などに通うのに便利で、かつ繁華街などにもアクセスしやすい路線だ。1人暮らしならば、家賃の安さも重要である。

代表的な路線といえば、**西武新宿線**だろう。高田馬場から地下鉄、もしくはバスで早稲田大学の早稲田キャンパスや戸山キャンパスに通うのに便利だ。西武新宿線沿線は家賃が比較的安く、1人暮らしの早稲田大生は多くこのエリアに暮らしている。

そういった関係は、明治大学と**京王線**にもあてはまる。文系学部の1年生から2年生までは明大前にある和泉《いずみ》キャンパスに通い、3年生からは京王線から乗り入れる都営新宿線で駿河台《するがだい》キャンパスへ通うことができる。したがって、京王電鉄の沿線には明治大生が多く暮らしている。

郊外に大学がある場合は、そのキャンパスの近くで暮らすというケースが多いだろう。たとえば中央大学の文系学部が置かれる多摩キャンパスに通う場合は、多摩モノレール沿線となる。

この沿線には、東京都多摩地域を代表する繁華街の立川があり、学生同士で集まる際によく利用される。ちなみに多摩キャンパスからは、2023(令和5)年に法学部のみ、文京区の茗荷谷《みょうがだに》に移転した。法学部の学生は、引っ越しなどで大変だったことだろう。

もっとも、近年は東京圏の大学に東京圏出身者が通うことが多くなっている。必然的に

明治大学の和泉キャンパス

自宅から通学する学生も増えた。その点からすると、自宅近くに通うのに適切な大学があるか、あるいは通いやすい都心部の大学はどこか、ということも進学先を決めるポイントになる。

たとえば、埼玉県の進学校出身者は早稲田大学に進む傾向があり、一方で神奈川県の進学校出身者は慶應義塾大学に進む傾向がある。このことから考えると、学生が住みやすい路線は確かにあるものの、その視点で沿線を見ていくことは今後減っていくのだろう。

会社などに通いやすい路線というのは、職場のあるターミナル駅に直結している路線もしくは、都心へ向かう地下鉄に乗り入れている路線である。地下鉄乗り入れ路線なら、多くの企業がある大手町周辺に行きやすいというメリットがある。

その点で厳しいのは、都心乗り入れがない**西武新宿線**や、**京王井の頭線**である。**東急池上線**もその仲間に入る。西武新宿線は早稲田大学に通うのに便利であり、京王井の頭線は沿線に明治大学や東京大学のキャンパスがあるが、勤務先によっては引っ越しを検討せざるを得ないケースもあるだろう。

もっとも、いまどきの東京圏出身者は、在学中のみならず、入社したあとも親元から通う人が増えているから、会社への通いやすさなど考慮する必要のない時代になっているのかもしれないが……。

沿線住民の高齢化が著しい路線は？

首都圏では全地域で高齢化が進んでいる。したがって、どの沿線でも高齢者が増えているということになるのだが、注目すべきは同じような年代層が大勢暮らす地域での高齢化が起こるということだ。すなわち、ニュータウンである。

垣谷美雨の小説『ニュータウンは黄昏《たそが》れて』（新潮文庫）では、バブル期に買った郊外の分譲団地をめぐる人間模様が描かれている。

高度成長期からバブル時代にかけて、各地でニュータウンが造成され、多くの宅地や分譲団地がつくられた。とくに分譲団地では、建て替えの際に住民たちで話し合う必要があり、それがうまくいかず老朽化が進むケースもある。

こういったケースは、公的機関が主導で開発したニュータウンで起こりやすい。東急の多摩田園都市は、持続可能な地域づくりのためにいろいろと工夫を凝《こ》らしているところである。

では、どんなニュータウンで住民の一斉高齢化が起こるのかというと、日本最大級のニュータウン・多摩ニュータウンが代表的といえるだろう。

分譲・賃貸といった違いもあれば、集合住宅・一戸建てという違いはあっても、その地域の住民は（場所により違いはあるものの）同じ時期に入居する。とくに分譲の一戸建てというのは「住宅すごろく」の頂点であり、一生住み続けることを目的にしたものだ。

多摩ニュータウンは、**京王相模原線・小田急多摩線**沿線にある。したがって今後、この路線の沿線では、最初に住み始めた世代の高齢化が目立つようになるといえる。

ほかにも、団地の多い沿線では、長期居住者の存在が、高齢者を増やしていくという結果になっていくところもある。たとえば**西武池袋線**や、新京成電鉄沿線だ。

反対に、長い間存在している住宅地で、何世代にもわたり人が暮らし続けているところは、多世代が混住しているところであり、高齢者が目立つということはない。

団地やニュータウンは建て替えや再開発を少しずつ行ない、分譲の持ち家の人には何世代にもわたって建て替えながら暮らしてもらうことで、居住世代の高齢化を防ぐことはできるのではないだろうか。

路線ごとの「沿線の治安の良し悪し」は？

犯罪発生率について調べたところ、東京圏1都3県では、それぞれのエリアの中心部にある地域でもっとも犯罪発生率が高く、そこから離れるにしたがって下がっていく傾向が見られた。

東京都でもっとも犯罪発生率が高いのは千代田区であり、神奈川県では横浜市中区《なか》、埼玉県ではさいたま市大宮区、千葉県では千葉市中央区である。ただし、東京都千代田区に直接乗り入れている、いわゆる「沿線」があるような私鉄はない。

東京都では、郊外に向かうターミナルがあるような都心のエリアでの犯罪率が高いといえる。なかでも、顕著に高いのは渋谷区や新宿区である。また、私鉄沿線よりもJR・私鉄問わずターミナルがあるような地域の犯罪率が高く、総じて私鉄沿線というのは安全な環境といえる。

安心・安全な環境で暮らしたければ、都心部の職住接近のタワーマンションではなく、郊外の住宅に住むというのが妥当なところだろう。

そして、犯罪に巻きこまれたくないのであれば、とくに深夜時間帯のターミナル駅周辺エリアには、よほどの必要がない限り行かないでおくのがもっともいいといえる。

巨大地震に見舞われたとき、各路線の被害は？

首都直下型地震はいずれ起こると予想されている。ただでさえ、日本は地震が多い国である。多くの国民が忘れてはいない東日本大震災以降も、熊本地震をはじめとする天災があり、本書執筆中にも能登半島で大きな地震が起こった。

地震の際に大きな被害を受けやすい場所は、木造住宅の密集地域である。とくに古くからの木造住宅が被害に遭いやすい。また、海抜が低く、地盤がゆるいところも同様だ。太平洋岸で大きな被害をおよぼすような地震が起こったら、真っ先に被害を受けるのは地盤のゆるい地である。さらに、東京圏は人が密集しているので、地震などの災害に弱い。

そのあたりのことを考えると、浅草を起点とする**東武スカイツリーライン**の東京都内を走る区間や**東武亀戸線・大師線**、**京成本線**の東京都内を走る区間、**京成押上線**などが該当する地域を走る。**京急本線**の品川〜横浜間、**京急空港線**や**京急大師線**なども地震が起こった際には危険といえる。

ここに挙げた路線の沿線には、最近では大きなマンションが建っているものの、木造住宅が密集しているところもあれば、地域によってはもともとは海であったところも多い。

では、これまで挙げた沿線以外は安心なのかといえば、けっしてそうではない。住宅の密集地は東京圏の多くにある。地盤の固い地を走る**東急電鉄**や**京王電鉄**などの沿線でも、都心に近づくほど住宅が密集しているから、地震にともなう火災が起きたら延焼する危険性は十分にある。

また近年は、活断層による地震がピンポイントで起こることも多い。多摩地域で直下型地震が起こることを筆者も経験している。こういった地震は、地盤が安定しているかどうかや、もともと海だったかどうかに関係がない。

巨大地震が起こった場合に被災しやすい路線の傾向こそあるものの、どの沿線に暮らしている人でも、防災対策はきちんと考えておくことが必要ではないだろうか。

痴漢被害の訴えが多い駅・路線の共通点とは

かつて、痴漢被害が多い路線はJR東日本の埼京線だといわれていた。そして、その理由は埼京線がただでさえ混雑が激しく、駅間距離も長いからだとされていた。近年では、車内に監視カメラを設けるようになり、一定の「抑止力」となっている状況である。

ただ、女性の側からの痴漢被害の訴えは、消えることがない。「痴漢レーダー」というアプリを開発しているQCCCAという会社では、被害の多い駅を公開している。

その1位は、**東急田園都市線**の駒沢大学駅だった。そのほかでランキング上位の駅は、どれもターミナル駅だ。痴漢被害に遭った人が、ターミナル駅で登録するため、そういう結果となりやすいのだろう。

痴漢被害が起こりやすい列車は、先に述べた通り、混雑しており、しかも停車駅と停車駅の間、つまり駅間距離が長い列車である。東急田園都市線は駅間距離が長い。

また、どの私鉄にもある「普通」「各駅停車」以外の優等列車では、痴漢被害に遭う可能性が否《いな》めない。このランキングでは2位が新宿駅、3位が池袋駅、4位が東京駅、5位が渋谷駅であり、それらの駅に停車する前の駅から被害が始まり、ターミナル駅到着とともに加害者が逃げるという構図なのだろう。

とくに気になるのは2位の新宿駅だ。私鉄だけでも、**京王電鉄**は笹塚を出ると新宿まで地下区間で停車せず（その間に新線では2駅ある）、**小田急電鉄**は各駅停車以外の列車は代々木上原を出ると新宿まで停車しない。

池袋駅も、**西武池袋線**では練馬駅から、あるいは石神井公園駅から無停車の列車があり、ラッシュ時は速度も遅い。**東武東上線**も上板橋駅や成増《なります》駅、和光市駅から無停車とい

痴漢被害の多発が報告されている駒沢大学駅

う列車がある。このあたりがランキングに反映されているのだろう。

痴漢被害の訴えは多く、しかも痴漢被害が起こりやすい区間というのもある程度見えている。一定以上の条件がある路線で、女性が被害に遭うというのが現状ではないだろうか。各社は防犯カメラや、非常時の通報装置を車内でより充実させるなどの対策を積極的にとっている。

通勤ラッシュ時でも「遅れない」路線は？

国土交通省は、「東京圏の鉄道路線の遅延『見える化』」と題し、遅延証明書の発行状況や遅延の発生原因、鉄道事業者の遅延対策の取り組みを数値化・地図化・グラフ化でわかりやすく示すようにしている。

2020（令和2）年2月に、2018（平成30）年度の遅延状況が示された。主要な45路線を対象とし、遅延の状態がどの程度であるかを数値で表している。

まずは、主要私鉄でよく遅れる路線を見てみよう（次ページ表参照）。1か月あたりの遅延証明書平均発行日数で数字を出している。**東武鉄道**では、**伊勢崎線**が4・0日、**東上線**が3・5日である。**西武鉄道**では、**池袋線**が11・5日、**新宿線**が10・3日である。**京成電鉄**では、**京成本線**が13・8日となっている。

主要路線の1か月あたりの遅延証明書発行日数状況（平成30年度）

事業者名	路線名	1か月（平日20日間）あたりの遅延証明書発行日数（カッコ内は対前年比）	発行時間帯（発行条件）
東武	伊勢崎線	4.0(−0.2)	初電〜10:00（5分以上の遅延で発行）
	野田線	1.1(0.0)	
	東上線	3.5(0.5)	
西武	池袋線	11.5(0.4)	初電〜9:00（5分以上の遅延で発行）
	新宿線	10.3(−0.3)	
京成	京成本線（支線含む）	13.8(3.8)	初電〜10:00（5分以上の遅延で発行）
京王	京王線	6.5(1.5)	初電〜10:00（5分以上の遅延で発行）
	井の頭線	2.0(−1.2)	
小田急	小田急線	18.8(4.0)	初電〜10:00（5分以上の遅延で発行）
東急	東横線	14.6(−0.5)	初電〜10:00（5分以上の遅延で発行）
	目黒線	13.0(−1.5)	
	田園都市線	13.3(2.1)	
	大井町線	2.0(−3.5)	
	池上線	3.4(−1.7)	
	東急多摩川線	1.7(−0.2)	
京急	品川〜横浜間	5.7(0.1)	初電〜9:00（5分以上の遅延で発行）
相鉄	相鉄線	4.3(0.1)	初電〜10:00（5分以上の遅延で発行）

＊国土交通省ホームページを参考に作成

京王電鉄では、**京王線**が6・5日である。**小田急電鉄**では、**小田急線**（3つの路線すべて）が18・8日だ。**東急**は主要路線となる対象路線が多い。**東横線**は14・6日、**目黒線**は13・0日、**田園都市線**が13・3日。**京急電鉄**では**本線**の品川〜横浜間で5・7日、**相鉄**は**相鉄線**で4・3日となっている。

では、あまり遅れない路線はどこだろうか？

東武鉄道では、**野田線**が1・1日。**京王電鉄**の**井の**

頭線は2・0日。**東急**の**大井町線**は2・0日、池上線は3・4日、**東急多摩川線**は1・7日となっている。

よく遅れる路線は各私鉄の主要路線であり、そのなかでも本数が多く、編成も長い路線で遅れが多く発生していることになる。

重要な路線で遅れが少ないのは、**京王電鉄**の**京王線**や、**東武鉄道**の**伊勢崎線**や**東上線**である。伊勢崎線は複々線が効果を発揮しているとわかる。「朝ラッシュ時にノロノロ運転が多い京王が、なぜ6・5日？」と思う人も多いかもしれないが、これは本数を増やすために列車の速度を落として、かたちだけは定時運行をしているように見せているのである。もちろん、追突などしないよう「京王ATC」と呼ばれる優《すぐ》れたATCを採用している。また、**京急**や**相鉄**も遅れは少ない。

このように見ていくと、比較的本数が少なく、編成も短い路線のほうが、遅れは少ないといえる。京王の井の頭線や、東急の大井町線、池上線、多摩川線といった路線は、都心に近いところを走っている路線であり、大井町線を除いて、他路線への乗り入れがない。東京都内の職場に通う人は、このあたりの路線に住むことを検討してはいかがだろう。ただ、家賃などがかかりそうな住居が多い路線ではある。

「沿線格差」という視点から目立つ**東急**や**小田急**の主要路線は、利用者も多く、それだけ遅延も多い。

定刻通りに走らない傾向のある路線の沿線に暮らす人は、職場に遅刻しないように家を出る時間を早めたほうがいいかもしれない。

定期券利用客の比率が高い路線、低い路線は？

２０２０（令和２）年度の鉄道の定期券利用者について、首都圏の私鉄を見てみよう。運賃占有率も示す。出所は『数字でみる鉄道２０２２』（国土交通省鉄道局著、運輸総合研究所刊）による。

どの鉄道もだいたい似たような数字、といってしまえばそれまでである。定期券での収入は、輸送人員のことを考えると低めに出ているように思えるが、これは定期券の割引率が高いことによる。とくに、通学定期券の安さというのが大きく影響していると考えていい。

鉄道会社ごとに見てみよう。

まずは**東武鉄道**である。東武鉄道は、東京・埼玉・千葉・栃木・群馬の都県に広大な路線網を有し、有料特急も走らせているものの、輸送人員の定期占有率も運賃収入の定期占有率も高い値を示している。つまり、有料特急や「ＳＬ大樹《たいじゅ》」の存在は、輸送人員や運賃収入の面から考えると、大きなものではないということである。

東武沿線には多くの人が暮らしており、その人たちが都心への通勤に利用することが多いという形態になっている。また、栃木県や群馬県のローカル区間では、高校生たちが通学に使うというのもよく見られることだろう。

西武鉄道も東武鉄道と同じく、有料特急がある鉄道だ。しかしそれでも、定期占有率は高い値を示している。西武鉄道の特急は、定期券を利用している人が乗ることが多いと考えられる。東武と同じく通勤・通学の利用が多く、沿線に学校が多いことを感じさせられる。

京成電鉄は通勤・通学輸送と空港アクセス輸送を二本柱としている。ただ、輸送人員の定期占有率を見ると、空港アクセスよりも通勤・通学の利用者の存在感が強いということになる。

京王電鉄と**小田急電鉄**は輸送人員の定期占有率の割に、運賃収入の定期占有率が低いようだ。このふたつの私鉄は、ずばり通学輸送が大きな柱となって

事業者別の定期券利用者の割合

鉄道事業者	輸送人員定期占有率	運賃収入定期占有率
東武鉄道	68%	51%
西武鉄道	64%	49%
京成電鉄	63%	46%
京王電鉄	60%	46%
小田急電鉄	63%	44%
東急電鉄	59%	46%
京浜急行電鉄	59%	46%
相模鉄道	67%	52%
(参考)東京メトロ	62%	48%
(参考)JR東日本	68%	40%

＊『数字でみる鉄道2022』を参考に作成

いるのではないか。どちらも、沿線に学校が多い。小田急電鉄はロマンスカーでの観光輸送があるにもかかわらず、定期券の占有率が多いのが気になる。

東急電鉄は有料特急がないにもかかわらず、輸送人員定期占有率が若干低めだ。一方で運賃収入定期占有率が少々高いのは、やはり通勤・通学で利用する人が多いということだろう。東急沿線は中学受験も盛んで、中高生がよく定期券を利用し、その絶対的人数が多いという見方もできる。

京急電鉄の輸送人員定期占有率は、羽田空港アクセスが同社の経営の大きな柱となっていることを示している。地域の定期券利用者の輸送も大事ではあるけれども、それだけではなく羽田空港へ向かう人の多さが、この会社の鉄道部門の経営に寄与しているといっていい。

そして**相模鉄道**。定期券での利用者が多く、定期券での収入も大きい。神奈川県のベッドタウンを走る同線は、地域に根ざした鉄道として、ふだんから乗る人が中心になっているという堅実さがわかる。相鉄・JR直通線や相鉄・東急直通線ができたことで、相鉄沿線に住まいを持とうとする人が今後さらに増えていくのではないか。

東京圏の鉄道は、安い定期券の利用者に支えられているというのがよくわかるデータである。

ファミリーが多く住む路線、独身者が多く住む路線は?

2020(令和2)年の国勢調査をもとに、1都3県で東京大都市圏にあたる地域の1世帯あたり人数を出してみた。

そのなかで、1世帯あたりの人数が2を切る地域を取り上げたい(次ページ表参照)。

まず、もっとも単身世帯が多いのは新宿区である。続いて渋谷区、豊島区。ターミナル駅のあるエリアだ。中野区はJR中央線と**西武新宿線**で、このあたりは学生などの1人暮らしの人が多く住んでいる地域だろう。

杉並区は中央線と**京王井の頭線**、品川区は**京急電鉄**や都営浅草線といったところだろうか。その後も都心エリアや、比較的経済水準が高くないエリアが続いている。

私鉄沿線でそれらしい数字が出るのは、**東急・小田急・京王**が走っている世田谷区で、1・92人と単身よりも子どものいない夫婦といった人が多いと思われる数字を示している。

明らかに「沿線」イメージがあるのは川崎市多摩区、川崎市中原区、狛江《こまえ》市といった地域だが、おそらく2人暮らしの人もそれなりにいると考えられる数値になっている。川崎市多摩区と狛江市を走るのは**小田急線**、川崎市中原区は**東急東横線**である。

首都圏で「1世帯あたりの人数」が2人を切る地域

地域	世帯総数	人口総数(人)	1世帯あたり人数
新宿区	222,800	349,385	1.57
渋谷区	149,967	243,883	1.63
豊島区	183,819	301,599	1.64
中野区	208,093	344,880	1.66
台東区	124,345	211,444	1.70
杉並区	336,339	591,108	1.76
品川区	237,641	422,488	1.78
横浜市中区	85,108	151,388	1.78
港区	146,160	260,486	1.78
文京区	133,661	240,069	1.80
千代田区	37,011	66,680	1.80
中央区	92,533	169,179	1.83
横浜市西区	57,054	104,935	1.84
目黒区	155,715	288,088	1.85
板橋区	314,446	584,483	1.86
墨田区	145,768	272,085	1.87
大田区	400,164	748,081	1.87
北区	189,700	355,213	1.87
川崎市川崎区	123,515	232,965	1.89
横浜市南区	103,719	198,157	1.91
横浜市神奈川区	129,183	247,267	1.91
世田谷区	492,065	943,664	1.92
武蔵野市	78,054	150,149	1.92
千葉市中央区	109,336	211,736	1.94
荒川区	112,009	217,475	1.94
川崎市多摩区	113,583	221,734	1.95
川崎市中原区	134,763	263,683	1.96
江東区	264,278	524,310	1.98
狛江市	42,616	84,772	1.99
(参考)特別区部	5,215,850	9,733,276	1.87

＊国勢調査(2020年)を参考に作成

単身世帯が目立つのは都心部や中央線沿線であり、単身世帯は世帯収入が少ないということを考えると、私鉄沿線にはファミリー層が暮らしているということがわかる。一方、都心部の家賃は面積の割に高く、仕事が忙しくて家では寝るだけ、という人も多いのではないかと推察できる。

また、前ページの表にはないが、**東急田園都市線**沿線の横浜市青葉区は2・34人、**東武東上線**沿線の朝霞《あさか》市と**小田急線**沿線の町田市は2・25人、**西武新宿線・池袋線**沿線の所沢市は2・24人と、子どもがいる世帯もそれなりにいるという数値を示している。

1世帯あたりの人数が多いエリアは住環境が整っているところが多く、都心から離れるにしたがって人数が増えていく傾向がある。ファミリー層が多く暮らすのは、都心ではないエリアだ。子どもを育てやすく、豊かな暮らしができる環境は、東京圏では都心ではなく郊外だといえる。

私鉄かJRかはともかく、郊外で暮らし、電車で通い、都心で働くというのが理想的な生活といえよう。都心暮らしのセレブの話はよく聞くものの、例外的であり、一般には参考にならない。「沿線」というものが考えられない都心には、単身世帯が多いのだから。

タワーマンションに暮らし、家族で豪華な生活というのは、現実味がないのである。あっても、ごく一部の話である。

近年、主要駅のリニューアルが行なわれた路線は？

大手私鉄はふだんの運行を毎日続ける一方で、駅のリニューアルも進めている。どの鉄道でも駅のリニューアルが進んでいるが、近年注目されているのは**東急池上線**である。

東急は「みんなのえきもくプロジェクト」として木造駅舎の記憶を伝えるべく、池上駅や旗の台駅で使用していた木材（古材）を、駅および沿線で使用していくプロジェクトを始めた。

池上線の池上駅に「エトモ池上」ができ、ここには「えきもく」を使用したさまざまなものがある。また、多くの駅で「えきもく」を使用したベンチが備えられており、木のぬくもりを感じさせるものとなっている。

東急池上線では、老朽化対策のため駅のリニューアルが進んでいるが、その際に昔ながらの風情を残そうとしている。

同じ東急電鉄では、比較的新しい**田園都市線**の地下区間でもリニューアルが開始された。地下区間5駅（池尻大橋駅・三軒茶屋駅・駒沢大学駅・桜新町駅・用賀駅）のリニューアルプロジェクト「GREEN UNDER GROUND」が実施されている。すでに2021（令和3）年に駒沢大学前駅のリニューアルを開始し、安心・安全・快適・便利でサステナブルな駅へとリニューアルしつつある。

2023（令和5）年6月には駒沢大学駅東口ビルが改修工事を終え、グランドオープンした。「UNDER THE PARK」をコンセプトに、都立駒沢オリンピック公園の木々を一本の木に見立て、駅は根っこ、地上出入り口は木や葉をイメージしている。駅全体のリニューアルは2024（令和6）年夏頃となる予定だ。

東急電鉄は2023年5月には桜新町駅のリニューアル工事も開始している。「WITH THE CHERRYBLOSSOMS」をコンセプトに、桜並木を想起するアーチ状の壁面を新設、木材のカウンターやベンチなどを設置する。

駅のリニューアルはどの路線でも行なわれているが、しっかりとしたコンセプトを持ってリニューアルしている東急電鉄のような例もあり、駅そのものが興味深いスポットになっていることがうかがえる。

リニューアルの際に、どうリニューアルするかをきちんと考えているのが、東急である。

駅のバリアフリー化で先行している路線は？

日本では、2006（平成18）年にいわゆる「バリアフリー新法」が制定された。その法律にもとづき、各鉄道会社は駅構内の段差解消を目的としたエレベーターの整備、バリアフリートイレの設置、視覚障害者誘導用ブロックの設置などといったバリアフリー化に対して多額の投資を行なっている。

そのなかでも、エレベーターの設置や「だれでもトイレ」の設置に力を入れているのが**東急**だ。むろん、ほかの鉄道もかなり力を入れているが、先んじて駅の諸設備を整備し、利用者に東急沿線を選んでもらおうという努力は相当なものがある。

また東急では、ホームドアの整備、全駅での点字運賃表の設置、多目的トイレの充実、温水洗浄便座の導入も他の私鉄より進んでいる。鉄道で働く人たちに積極的に「サービス介助士」の資格を取得させるなどの取り組み

東急がJR渋谷駅の宮益坂口前に設置したエレベーター

も行なっている。

エレベーターやホームドアの整備を先に進めたため、その維持費はかさんだ。また、車内防犯カメラや踏切障害物検知装備の完備などで、お金がかかった。そういった理由で、２０２３（令和５）年３月には運賃の値上げを行なっている。

この運賃の値上げには「鉄道駅バリアフリー料金制度」が関連している。ホームドアやエレベーターといったバリアフリー設備の設置費用を運賃に上乗せして、鉄道の利用者に幅広く負担してもらう国の制度で、国土交通省の認可は必要でなく、届出のみでよい、とするものだ。

首都圏では、ＪＲ東日本や東京メトロのほかに、**西武鉄道**、**小田急電鉄**、横浜高速鉄道、**東武鉄道**、**相模鉄道**が届出を行なっている。これらの事業者では、既存の運賃に10円を上乗せする。

ここに、京王電鉄や京成電鉄がないのが気になるところだ。しかし**京王電鉄**は、２０２３年10月に鉄道運賃の改定を行ない、その理由のひとつとして、ホームドアなどのバリアフリー設備の整備を行なうことを挙げている。

実際に、京王電鉄では少しずつではあるがバリアフリー設備の整備が進んでいる。ただ、笹塚～仙川間の高架化との兼ね合いもあり、その区間ではホームドアの設置は高架線ができたときに一気に、ということになるのではないかと考えられる。

心配なのは**京成電鉄**だ。「沿線格差」的に低い格付けに置かれている同線では、鉄道の質的向上で魅力を高めるために駅トイレを充実させ、バリアフリー対応を積極的に行ない、その財源を鉄道駅バリアフリー料金制度に求めるという考えがあってもいいはずだ。

ともあれ、今後は京成電鉄もこの制度を活用する予定だという。挽回《ばんかい》を期待したい。

現在、バリアフリー設備は東急電鉄が充実しているものの、ほかの関東圏私鉄も負けないように整備して、利用者にとっての便利さを追求しあうものになってほしい。

4

東急・東武・小田急・京王・西武・京急・京成・相鉄沿線の

教育環境を比較する

「高学歴」な人が多く住んでいる路線は？

東京圏で最終学歴が大卒以上の人がよく住んでいるのは、武蔵野市や豊島区、杉並区となる。武蔵野市は**京王井の頭線**、**西武多摩川線**も走るが、メインはＪＲ東日本の中央線である。ほかに高学歴者が多いエリアとして、小金井市、中央区、文京区、国分寺市などがあり、都心と中央線沿線に集中している。世田谷区や狛江《こまえ》市、調布市でも多い。**京王電鉄・小田急電鉄・東急電鉄**の都心寄りといったところか。

東京都以外では、横浜市青葉区や、さいたま市浦和区、川崎市麻生《あさお》区での大卒率が高い。青葉区は**東急田園都市線**であり、麻生区は**小田急電鉄**である。なお、神奈川県鎌倉市や葉山町も大卒率が高いエリアではあるが、大手私鉄は走っていない。

まとめると、大卒以上の高学歴層は、ＪＲ中央線では国立《くにたち》市まで、京王線では調布まで、小田急線では神奈川県と東京都の県境が入り組んでいるエリアまで、東急電鉄ではほぼ全線で比較的多く暮らしているといえる。これは、高所得層の分布と重なるエリアである。

東京西部の、都心まで通いやすいエリアに高学歴層は生活しており、このエリアは古くから住宅地として開発されている。一方、東京東部の東武沿線や京成沿線などには最終学歴の高い人は多くなく、興味深いことに千葉県に入ってから高学歴層が多く住むようになっている。
地域によって、沿線によって、住民の最終学歴の傾向も異なっているのである。

沿線に大学が多い路線は?

沿線に大学が多いのは旧**「大東急」**(27ページ参照)の路線である。加えて**西武鉄道**であり、**東武伊勢崎線**や**京成電鉄**方面となると、ぐっと少なくなる。

戦前から大学誘致に力を入れてきた**東急電鉄**沿線を例に見てみよう。**東急東横線**沿線には東京音楽大学や慶應義塾大学があり、**目黒線・大井町線**沿線には東京工業大学がある。**田園都市線**沿線では、昭和女子大学や駒澤大学、日本体育大学、桐蔭横浜大学、東京工業大学すずかけ台キャンパスなどがある。**池上線・大井町線**沿線には昭和大学もある。

同じく大学誘致に力を入れている**小田急電鉄**も、国士舘大学、東京農業大学、日本大学商学部、成城大学、専修大学生田《いくた》キャンパス、明治大学生田キャンパス、日本女子大学西生田キャンパス、和光大学、玉川大学、東海大学、上智大学短期大学部(閉校予定)、慶應義塾大学湘南藤沢キャンパス、恵泉《けいせん》女学園大学(閉校予定)、大妻女子大学などがある。

大学誘致に力を入れていたわけではないが、大学の郊外移転などで沿線に増えていった**京王**

電鉄も興味深い。まず、新宿駅近くに工学院大学や文化学園大学がある。明治大学和泉《いずみ》キャンパスがその名も「明大前」駅近くにある。

ほかにも日本大学文理学部、桐朋《とうほう》学園大学、白百合女子大学、電気通信大学、帝京大学、明星大学、中央大学、日本文化大学、法政大学多摩キャンパス、拓殖大学八王子国際キャンパス、駒沢女子大学、東京都立大学南大沢キャンパスなどが**京王線・相模原線**系統にはある。**井の頭線**には、東京大学駒場キャンパス、高千穂大学などがある。

旧「大東急」以外も見てみよう。**西武鉄道**ではまず**西武新宿線**系統。早稲田大学、目白大学新宿キャンパス、嘉悦《かえつ》大学、国立《くにたち》音楽大学、津田塾大学などがある。また**西武多摩川線**沿線には東京外国語大学がある。**西武池袋線**系統では、立教大学、日本大学藝術学部、武蔵大学、早稲田大学所沢キャンパスといった大学がある。

東武鉄道唯一の「東京西側」の路線・**東武東上線**では、東洋大学朝霞《あさか》キャンパス、東京国際大学、東洋大学川越キャンパスと、東洋大学関連が目立つ。

また**京急電鉄**では、横浜市立大学、関東学院大学、神奈川県立保健福祉大学などがある。

相模鉄道では、横浜国立大学がある。

では「東京東側」はどうか。**東武鉄道**では、東京電機大学、獨協《どっきょう》大学が**東武スカイツリーライン（伊勢崎線）**沿線にあり、**東武アーバンパークライン（野田線）**沿線には東京理科大学理工学部がある。**京成電鉄**は、東京藝術大学、千葉商科大学、和洋女子大学がある。

地図等で調べた限りでは、京王電鉄沿線には大学が充実しており、その次に小田急電鉄といったところと考えられる。東急東横線沿線に駅名だけが残っている東京学芸大学と東京都立大学がいまなおあれば、などと考えたりしてしまう。

沿線に私立中学が多い路線は？

著名な私立中学（ならびに国立中学）は、おもに東京の都心部にあり、「沿線」といえるような場所には少ないのが現状だ。

しかし、中高一貫校で難関大学への高い進学実績を誇る学校や、難関大学の付属学校が「沿線」と呼べる地域にも存在する。

まず、**京急電鉄**沿線には、浅野中学校・高等学校という、神奈川私立男子御三家のひとつがある。京急新子安《しんこやす》駅近くである。

相模鉄道沿線には、湘南台駅が最寄りの慶應義塾湘南藤沢中等部・高等部がある。

東急電鉄沿線には、まず**東横線**の日吉駅近くに慶應義塾普通部が存在する。世田谷区の東横線と田園都市線の中間あたりに、国立だが東京学芸大学附属世田谷中学校がある。**田園都市線**

では、あざみ野駅近くに桐蔭学園中学校・高等学校・中等教育学校がある。

小田急電鉄では、近年進学実績を伸ばしている鷗友《おうゆう》学園中学校・高等学校があり、一方で一貫教育の成城学園中学校がある。また、和光学園中学校や玉川学園中学校も独自の教育方針で人気を集めている。

京王電鉄では、**井の頭線**沿線に進学実績を伸ばしている駒場東邦中学校・高等学校があり、さらには国立最難関中学の筑波大学附属駒場中学校・高等学校がある。**京王線**沿線では、女子の進学校でかつ音楽教育でも有名な桐朋女子中学校・高等学校も知られている。

西武新宿線沿線には、早稲田大学高等学院中学部があり、**西武池袋線**沿線では武蔵中学校・高等学校が「男子御三家」のひとつとして知られている。武蔵中高からの東大合格者は減りつつあるものの、独特の教育方針が高い人気のもとになっている。

このあたり、どうしても東武鉄道や京成電鉄沿線では弱いものがある。中学受験への意欲は東京西側の私鉄沿線で高い傾向があり、そのことが都心部ではないところにある私立中学の隆盛をもたらしているのだといえる。

東武鉄道や**京成電鉄**沿線の中学受験者は、交通の便のいい都心部の中学校を受けるか、埼玉県や千葉県の私立中学を受けるということになるのだろう。千葉県ならば市川中学校・高等学校や、渋谷教育学園幕張中学校・高等学校をめざす。

東京都内東側に、進学実績の高さで知られる有名私立中高一貫校がないというのは、「沿線格差」の面からも「地域格差」の面からも気がかりなことである。ただ、近年都立中高一貫校が増えていることで、補完しているのかもしれない。

沿線に大手進学塾が充実している私鉄は？

少子化が進む状況でありながら、中学受験は過熱している。首都圏での中学受験志願者は増え続け、子どもによりよい教育環境を提供しようとする親たちの情熱はますます高まっている。そんななか、ひとつの学習塾が長年にわたって中学受験における高い実績を叩きだしている。それが、ＳＡＰＩＸだ。

この進学塾は、難関国私立中学校の合格者占有率が高いことで知られ、なるべく早くからＳＡＰＩＸに進ませることが、子の将来の立身出世のために必要であるという考え方を持つ親が東京圏には少なからずいる。立身出世に加え、いまの暮らしぶりを子どもたちにも受け継がせたいと考える人も多いのだろう。

中学受験熱は、都心部ほど高い状況であることはもちろん、郊外でもその傾向が高まっている。そう考えると、鉄道のどの駅近くにＳＡＰＩＸがあるか、都心部からどこまで離れた駅に

ＳＡＰＩＸがあるかが、その沿線が教育熱心かどうかを示す指標となるといえる。

首都圏エリアの私鉄を見てみよう。**京急**沿線では横浜駅と上大岡《かみおおおか》駅にＳＡＰＩＸが存在する。横浜駅は**東急電鉄**、**相模鉄道**の駅でもある。

東急沿線のＳＡＰＩＸの充実ぶりはすごいものがある。**東横線**沿線では渋谷・自由が丘・武蔵小杉・日吉・横浜（京急電鉄と共通）の各駅に、**田園都市線**沿線では渋谷（これは東横線と共通）・用賀・たまプラーザ・青葉台にある。東急とは直接関係ないが、横浜市営地下鉄のセンター南駅近くにも存在する。

小田急電鉄では成城学園前と町田の両駅に、**京王電鉄**では、下高井戸（東急世田谷線と共通）・仙川の各駅にあるだけではなく、**相模原線**の若葉台駅にもある。**西武新宿線・池袋線**では高田馬場・所沢・練馬の各駅にある。

一方、**東武東上線**沿線にＳＡＰＩＸはない。**東武スカイツリーライン**では新越谷駅にある。**東武アーバンパークライン**には柏と大宮のターミナル近くにあるが、メインはＪＲの駅である。**京成**だと**京成千葉線**の京成千葉駅にしかない。

「東京東側」エリアのＳＡＰＩＸは、ＪＲ駅近くに校舎を設けるケースが多い。全体的にＳＡＰＩＸは都心と「東京西側」に校舎を設ける傾向が強く、このエリアの私鉄沿線には中学受験文化が根ざしているといえる。

ＳＡＰＩＸが中学受験の世界で覇権を握ってから、長い年月が経っている。東急沿線暮らし、代々中学受験、親子でＳＡＰＩＸという人も増えてくるのではないだろうか。このエリアには難関中学をめざす傾向があるといえる。

沿線ごとの「新聞購読傾向」の違いとは

新聞はこの10年くらい、部数を大きく減らしてきた。メディアへの不信や、スマートフォンの普及による情報収集手段の変化、あるいは人々の経済状況の悪化など、要因は多くあり、これらが組み合わさって新聞の部数は減っている。

しかしそれでも、新聞はこの国において大きな存在感をいまだ示している。日本全体で部数がトップなのは『読売新聞』である状況は１９７７（昭和52）年以来変わっていない。その後１９７９（昭和54）年に現主筆の渡邉恒雄《わたなべつねお》が論説委員長になり、保守的傾向を強めている。

以前は、「新聞はどこも似たようなもの」と考える人が多かったが、近年の全国紙はどの新聞も紙面づくりや論調の違いを明確にしつつあり、紙面の論調と購読者のライフスタイルや、ものの考え方が一致しやすい傾向が強まっている。

東京圏には、『読売新聞』『朝日新聞』『日本経済新聞』『毎日新聞』『産経新聞』の全国紙と名古屋の中日新聞社系ブロック紙『東京新聞』、また東京周辺の県に地元紙『神奈川新聞』『埼玉新聞』『千葉日報』がある。

このエリアでもっとも読まれているのは『読売新聞』である、とひとくくりにできないのがまたやっかいで、地域により、沿線により、どんな新聞が読まれているかが異なっているのが東京圏の興味深いところである。地方では、地元紙が圧倒的に読まれ、全国紙はさほど読まれていないが、東京圏ではさまざまな新聞が読まれ、それも細かく地域ごとに差がある状況になっているのだ。

新聞折込チラシの代理店では、各地域の新聞部数を公開している。もちろん、過剰な予備紙などもあるため、完全に正確ではないものの、それぞれの地域の新聞購読状況を示すデータとして参考になるだろう。

まず『日本経済新聞』が読まれているエリアは、「沿線」という概念のない都心部である。千代田区や港区といった、企業が多くあるところが中心となっており、法人読者の存在を感じさせる。また、タワーマンションなどに住む富裕層も『日本経済新聞』を読んでいる。『日本経済新聞』は、全国紙のなかでもっとも読者の平均所得が高く、そういう人たちが都心に住んでいるということがわかりやすく示されている。

では、郊外から電車で都心に通うような「沿線」エリアでは、どんな新聞が読まれているのかということが気になってくる。それも、新聞による。

『朝日新聞』は、**東急**沿線や**小田急**沿線、**京王**沿線の都心寄りで読まれている。たとえば大田区では、田園調布周辺では『朝日新聞』が強いのに対し、蒲田周辺では『読売新聞』が強いという興味深いデータがある。

目黒区や世田谷区では『朝日新聞』がシェアトップだ。ちなみに、世田谷区内には「天声人語」の元執筆者が暮らしている。**田園都市線**の横浜市青葉区でも『朝日新聞』のシェアはトップとなっており、生活水準の高い住宅街では『朝日新聞』が読まれる傾向が強いということがいえる。

小田急電鉄沿線では、狛江市の『朝日新聞』の強さが際立《きわだ》っており、『読売新聞』の倍以上の部数となっている。狛江市には『朝日新聞』の海外特派員などを務めた元記者が暮らしている。

京王電鉄沿線では、調布市までのエリアで『朝日新聞』が強い。また、高級住宅地がある聖《せい》蹟桜《せきさくら》ヶ丘《がおか》駅周辺を有する多摩市も、『朝日新聞』のシェアが高い。**西武鉄道**沿線の練馬区では、やや『朝日新聞』が強い。

また、私鉄沿線ではないが、ＪＲ東日本の中央線沿線では『朝日新聞』のシェアが非常に高く、政治に関心がある人たちの間でよくいわれる「中央線リベラル」のわかりやすい指標となっている。

それ以外の私鉄沿線では、『読売新聞』のほうがシェアが高いという状況にある。『朝日新聞』のシェアがトップのところは、比較的経済状況のよい、かつ最終学歴も大卒・大学院修了という人が多く生活しているエリアである。

そもそも、『朝日新聞』はそういった層をターゲットにしてつくられている新聞であるともいえる。比較的余裕のある生活で、政治に対する意識が高い人を対象にした論調を採用し、文化関連の記事は明治時代に夏目漱石が入社してからずっと充実している。

一方、『読売新聞』は大衆層をターゲットにした紙面づくりをしている。比較的わかりやすい言葉を使い、キラーコンテンツはジャイアンツ。悩み相談の「人生案内」も人気だ。

23区内で『読売新聞』のシェアが高いところでは、『産経新聞』のシェアも高い。**京成電鉄**や**東武鉄道**の沿線の一部に見られる傾向である。東京での『産経新聞』は朝刊だけの新聞であり（大阪では夕刊がある）、安さが売りとなっているものの、保守的な論調がその地域の読者の心を惹《ひ》きつけるのだろう。

このように、沿線により、新聞の購読傾向が違い、人々の価値観も違うのではないかということが考えられるのである。

沿線ごとの「投票行動」の違いとは

東京圏で地域・沿線ごとに住民の性質がまったく異なってくると、人々のものの考え方というのもそれぞれ違うことになる。その違いが、人々の投票行動の違いとなって現れてくる。

よく、選挙ウォッチャーの間では前項でも触《ふ》れた「中央線リベラル」という言葉が話題となる。JR東日本の中央線沿線の市町村では、自民党に投票する人も一定数いるが、ほかの地域より立憲民主党や日本共産党への投票が多く、自治体議員も多い状況にある。

その特徴を持った沿線はJR中央線のほかにも、**京王電鉄京王線・井の頭線**や**小田急電鉄小田原線**、**東急田園都市線**や**東急東横線**となっている。

実際に各種選挙のデータを見ると、このゾーンの都心寄りは立憲民主党や日本共産党に投票する人の割合が高く、リベラルや左派が日本でしっかりとした票を獲得できる数少ない地域となっている。

2019(令和元)年7月に行なわれた参議院議員通常選挙東京都選挙区には、立憲民主党から、筑波大学附属駒場中学校・高等学校、東京大学法学部、朝日新聞記者を経ていることをポスターに記した候補者が立候補した。活動範囲は多摩地区を中心とするもので、実際に多摩地区のＪＲ中央線沿線地域では当選者にも負けない票を獲得した。しかし筆者は、東大卒や朝日新聞の元記者といった経歴を持つ候補は、一部のリベラル層にしか受けないだろうと思いながら、その選挙ポスターを見ていた。

結果として、この候補は落選した。落選の理由として、この候補者のような経歴が比較的受け入れられやすい杉並区や世田谷区を活動範囲としていなかったからだと筆者は考える。立憲民主党はこの選挙で塩村あやか候補も擁立《ようりつ》しており、塩村候補は当選した。

多摩地区でも、ここで挙げた候補のようなタイプが票を集められるのは鉄道が充実しているところばかりで、ＪＲ中央線でいえば国立《くにたち》市、**京王線**でいえば調布市までといったところである。鉄道網が充実しているところでないとリベラルから左派の候補は票を獲得できない傾向があり、立憲民主党の選挙戦の方針がうまくいかなかったといえる。

なお、この候補は、２０２１（令和３）年10月の衆議院議員総選挙で練馬区の一部を中心とする東京都第９区から立候補し、当選した。練馬区は**西武池袋線**を中心とした鉄道が充実している。住宅街で公共交通の密度の高いエリアでは、立憲民主党や日本共産党が比較的力を持ち、そうでないエリアでは自由民主党が力を持つという傾向が見てとれる。

近年は、日本維新の会が東京都で勢力を広めている。都心部で強いという特徴があるのだが、今後どの沿線で票を集めていくのだろうか。

5

東急・東武・小田急・京王・西武・京急・京成・相鉄沿線の

エンタメを比較する

人気の観光地・観光施設が多い路線は？

東京圏の鉄道は、通勤利用が多いものの、休日には観光地への行楽輸送のために利用されることも多い。

路線距離の短い**京王電鉄**でも、沿線には高尾山薬王院《やくおういん》や、サンリオピューロランドといった観光地がある。多摩動物公園もあり、沿線住民が気軽に遊びに行けることが特徴だ。

小田急電鉄は、なんといっても箱根と江ノ島だ。箱根に向かうロマンスカーが運行されており、コロナ禍前は多くの外国人観光客が押し寄せていた。

京急電鉄は、なんといっても三崎《みさき》のまぐろ目当ての利用者が多い。「みさきまぐろきっぷ」という、京急線の往復乗車券と京急バスのフリー乗車券、さらには食事券、お土産の券をセットにしたきっぷが多く利用されている。

レジャーでは**西武鉄道**も負けない。「としまえん」の跡地には「ワーナー ブラザース スタジオツアー東京」が2023（令和5）年6月にオープンした。西武園ゆうえんちも沿線にあり、その近くには西武ドーム（ベルーナドーム）もある。秩父エリアの行楽にも力を入れている。

京成電鉄には、成田山新勝寺がある。そもそも京成は、成田山新勝寺参詣のためにつくられた鉄道だ。
観光地に恵まれているのは、**東武鉄道**である。もともと、ターミナルの浅草駅周辺は、都内でも有数の観光地として知られている。ちょっと乗ると東京スカイツリーが見える。特急に乗れば日光・鬼怒川エリアに行くことができる。

東武はこのエリアへの観光輸送にも力を入れており、２０２３年7月15日には新型特急「スペーシアX」を投入した。同地域の観光振興のために、「SL大樹《たいじゅ》」も走らせている。さらに、このエリアには東武ワールドスクウェアもある。ほかにも、東武沿線には、東武動物公園がある。

沿線の観光地、という点で影が薄いのは、**東急電鉄**である。わかりやすいレベルの観光地が見つかりにくいのだ。**相模鉄道**にもそういったものはない。このあたり、暮らしやすさでは抜群である

年間1000万人を超える参詣者が訪れる成田山新勝寺

ものの、レジャーという点では弱いものがある。

観光施設などが充実した路線は、まずは**東武**、ついで**小田急**、その次に**西武**といったところか。これらの鉄道は有料特急に力を入れている。

社寺や古刹《こさつ》が多く集まっている路線は?

初詣の始まりは、鉄道会社が営業活動促進のためにPRしたもの、というのはいまでは広く知られるようになっている。

住宅開発とセットで鉄道をつくる、というのが私鉄の沿線開発のビジネスモデルではあるものの、大きな寺社への参詣《さんけい》を目的としてつくられた鉄道もある。

たとえば、川崎大師への参詣を目的としてつくられたのが現在の**京急大師線**であり、成田山新勝寺への参詣を目的としたのが現在の**京成電鉄京成本線**である。

一方、江戸時代からの道路に沿った鉄道には、昔からの寺社が多い。たとえば東海道に沿った**京急電鉄**では、曹洞宗の泉岳寺《せんがくじ》、曹洞宗大本山の総持寺《そうじじ》、高野山真言宗の弘明寺《ぐみょうじ》などがある。

こういった地域では、中小の寺社も多いだろう。

寺社が充実しているといえば、**京王電鉄京王線**である。調布市の布田《ふだ》天神社《てん》や天台宗別格本山の深大寺《じんだいじ》、府中市の大國魂《おおくにたま》神社、日野市の高幡《たかはた》不動尊がある。そして**高尾線**の高尾山口には、高尾山薬王院がある。

このほかにも、沿線の宿場町をもとにした各地域には寺社が多数あり、そこは地域の人の信仰を集めている。

京王電鉄沿線には大きな寺社があるだけではなく、小さな寺社が多く集まっている。このあたりは旧五街道があるエリアではよく見られる傾向である。

昔から人が集まっているところには生活があり、そこには信仰があった。**東急**沿線でも、開発第一で敷設《ふせつ》した路線ではなく買収された路線の沿線には、池上本門寺《いけがみほんもんじ》のような寺社がある。

寺社が多い沿線は、昔から人が行き来する道路があるところにつくられた沿線であり、鉄道以前から人の営みがあったということである。

そんな「資源」を、鉄道会社が営業に利用しないということは考えられない。「初詣」というブームをつくり出し、大みそかから元日にかけては終夜運転を行なうようになったのも、その関係である。コロナ禍では終夜運転を中止した鉄道会社もあったが、それでも行なおうとする路線は、寺社が充実したところである。しかし、京急電鉄が燃料費高騰などを理由に中止するなど、今後の終夜運転についての見通しは暗い。

寺社が充実している沿線に暮らしている人は、沿線の寺社と暮らしている地域の寺社、両方に目を向けてみるのがいいだろう。

沿線に広々とした公園が多い路線は?

公園、といってもいろいろなタイプがある。宅地しかないような住宅街の小さな公園から、都市計画に位置づけられた大規模な公園まで、さまざまである。

地図で見てわかりやすいのは大きな公園なので、その種の公園について調べてみたい。

京急電鉄では、品川駅から南に下るにつれて、鮫洲《さめず》運動公園、大井公園と続く。立会川《たちあいがわ》駅周辺には品川区民公園などが、大森海岸駅周辺には、大井海岸公園などがある。梅屋敷には、聖跡蒲田梅屋敷公園。京急蒲田駅周辺には、京浜蒲田公園、夫婦橋《めおとばし》親水公園など。地図には出ていないが、小さな児童公園もそこここにある。六郷土手《ろくごうどて》近くには多摩川緑地公園がある。

神奈川県に入ると、どうだろうか?

まず、京急川崎近くには東町公園、ルフロン公園がある。八丁畷《はっちょうなわて》には下並木公園、日新町中央公園が。花月総持寺には鶴見花月園公園という大きな公園がある。京急新子安《しんこやす》には新子安公園、子安には浦島第二公園があり、神奈川新町には浦島公園がある。神奈川には幸ケ谷《こうがや》公園、神奈川公園があり、横浜駅までは整備された公園が充実している路線となっている。

その先も、見てみよう。

日ノ出町周辺には野毛山公園があり、南太田と井土ヶ谷からほぼ等距離のところに、清水ヶ丘公園という大きな公園がある。弘明寺には弘明寺公園、そのほかにも住宅地に小さな公園が多々ある。京急富岡の駅からはかなり離れているが、富岡総合公園の大きさには驚かされるものがある。また、長浜公園も大きい。金沢文庫には称名寺《しょうみょうじ》市民の森、**逗子線**に入ると池子の森自然公園が大きい。

本線に戻って横須賀中央には横須賀平和公園、新大津には大津公園があり、京急久里浜にはくりはま花の国という大きな公園がある。このように、小さな児童公園などを含めると挙げきれないほど多くの公園が京急沿線にはある。

次に**東急沿線**を見てみよう。

東横線では、中目黒に中目黒公園、学芸大学に区立碑文谷《ひもんや》公園、田園調布には大田区立宝来公園がある。多摩川駅近くには田園調布せせらぎ公園と多摩川台公園がある。

元住吉近くには川崎市中原平和公園、日吉には日吉の丘公園、綱島《つなしま》には綱島公園、大倉山には大倉山公園とある。いずれも全体的に広めにつくられた公園だ。白楽《はくらく》には白幡池公園があり、横浜までは大きな公園はない。地図には出ていないような、小さな児童公園が中心の路線となっている。

池上線沿線には、洗足池《せんぞくいけ》に洗足池公園、**大井町線**沿線には下神明《しもしんめい》に品川中央公園、戸越公園には戸越公園や文化の森がある。**田園都市線**と合流する二子玉川には二子玉川公園がある。

田園都市線は、渋谷寄りでも公園が充実している。池尻大橋に目黒区立東山公園や世田谷公園があり、駒沢大学には駒沢オリンピック公園がある。用賀には砧《きぬた》公園、二子玉川には前述の二子玉川公園のほかに、多摩川二子橋公園がある。

神奈川に入ると、住宅地のなかにある中規模公園が多い。宅地造成にあたり、地域の環境を整備することを大切にしたと考えられる。東急沿線では、以前からあるような路線では小さな公園と一部の大きな公園、田園都市線沿線では線路を敷く際にエリアによって大きな公園と小さな公園を計画的に配置している、と考えるのが妥当《だとう》だろう。ただし、東急電鉄は比較的短距離の路線なので、京急と比較すると、郊外の大きな公園が少ないとはいえる。

では東急の北側、**小田急電鉄**を見てみよう。

新宿駅周辺には新宿御苑、代々木八幡には代々木公園がある。梅ケ丘には世田谷区立羽根木《はねぎ》公園、祖師ヶ谷大蔵からは、少々離れてはいるが砧公園がある。神奈川県に入り、生田《いくた》駅近くに生田緑地、さらに座間《ざま》まで行くと県立座間谷戸山《やとやま》公園がある。また**小田急多摩線**には、多摩センターに多摩市立多摩中央公園がある。

小田急では、中小規模の公園が多く、大規模公園が少ないというのが特徴である。このあたりは、東急と近い。

京王電鉄を見てみよう。新宿駅近くに新宿区立新宿中央公園、芦花《ろか》公園に蘆花恒春園、飛田給《とびたきゅう》に武蔵野の森総合スポーツプラザ（ただしスポーツ施設の要素が強い）、東府中には府中の森公園、高幡不動には多摩丘陵自然公園、平山城址《じょうし》公園には、その名もずばり平山城址公園がある。長沼には都立長沼公園。**高尾線**に入って京王片倉に片倉城址公園がある。

京王相模原線では、京王多摩川に多摩川児童公園、稲城《いなぎ》に稲城中央公園、若葉台に若葉台公園、京王永山近くに桜が丘公園がある。多摩境には小山内裏《おやまだいり》公園がある。ほかにも、多摩ニュータウンには小規模公園が多い。そして、**京王井の頭線**沿いには和田堀公園、井の頭恩賜公園などがある。京王沿線は意外と、それなりに大きな公園が充実しているのだ。

西武鉄道はどうか。まずは、**西武池袋線**だ。石神井公園駅にはその名の通り石神井公園、入間市には埼玉県営狭山稲荷山公園、飯能には三杉山公園がある。これより先のエリアは自然が豊かな地域となる。

西武新宿線では、新井薬師前に哲学堂公園、武蔵関《むさしせき》に練馬区立武蔵関公園、東伏見に東伏見公園がある。花小金井は、大きな敷地を持つ小金井公園が有名だ。航空公園には所沢航空記念公園がある。

そのほかの、西武の細かい路線を見てみよう。**多摩湖線**の多摩湖には都立狭山公園、**西武園**

線の西武園には八国山《はちこくやま》緑地、**西武狭山線・山口線**の西武球場前には埼玉県立狭山自然公園、**西武多摩川線**沿線には駅の付近ではないが、野川公園や武蔵野公園がある。競艇場前や是政《これまさ》近くには、多摩川親水公園もある。このように、西武線沿線には名の知られた公園が多い。

続いて、東京西側最後の路線、**東武東上線**の公園事情はどうなっているのか？

上板橋には城北中央公園、成増には光が丘公園、和光市には埼玉県営和光樹林公園、高坂《たかさか》には都幾川《ときがわ》リバーサイドパークとある。案外、公園は少ないのだ。

ここまでをまとめると、東京西側の私鉄は、京急電鉄沿線の横浜よりもさらに先に大規模公園があり、また京王電鉄は有名な公園が沿線にいくつもある。さらに、小規模の公園はどの沿線にも多く、行政が住環境の向上に努めているということを示している。

では、東京東側の私鉄はどうか。まずは**東武鉄道**を見てみよう。

浅草駅近くには台東区立隅田公園、対岸には墨田区立隅田公園がある。**亀戸線**《かめいど》に寄り道すると亀戸水神近くに亀戸中央公園が。**東武スカイツリーライン**に戻ると、鐘《かね》ケ《が》淵《ふち》から堀切にかけて緑地があり、獨協《どっきょう》大学前の駅からは離れているものの、まつばら綾瀬川公園もある。

東武アーバンパークラインの岩槻《いわつき》には岩槻城址公園があり、大宮公園にはその名の通りの大宮公園がある。清水公園には、清水公園と野田市総合公園。スカイツリーラインよりもアーバンパークラインのほうが広々とした公園は多い。

最後に**京成電鉄**。京成上野には上野恩賜公園という大規模都市公園がある。町屋には荒川自然公園、公津《こうづ》の杜《もり》には公津の杜公園がある。どちらかというと、大規模公園の数は少ない。

東京東側の私鉄沿線には、いまいち公園が少ないように思える。小規模の公園はどの沿線にもたくさんあるものの、大規模な公園の不足が気がかりだ。

京急の東京寄りエリアのように、中規模公園を積極的につくるところもあれば、沿線の自然の豊かさゆえに公園がある京王線沿線や西武線沿線というのもある。

規模の大小はともかく、公園の充実具合は沿線生活のクオリティ・オブ・ライフ（ＱＯＬ）を考える指標としては重要なもののひとつだろう。

むろん、京急の横浜より先のように、沿線の自然が豊かであるがゆえに公園をつくれるケースもある。だが、元から公園が充実した沿線というのは、住環境としてはかなりよいのではないだろうか。

小説や映画、アニメの舞台になった路線は？

どの路線でも、小説や映画、アニメ、テレビドラマの舞台になっているとは思う。ただ、これらの作品の舞台になりやすい路線というのはある。小説ならば、小説家が多く住んでいる沿線、映画やテレビドラマなら、スタジオや撮影所がある沿線、アニメなら制作会社が多くある沿線である。

小説家は『文藝年鑑』などの住所録を見る限り、「東京西側」の地域に住んでいる人が多い（ただし、現在は住所を公開していない人もいる）。

映画やテレビドラマにかんしては、ずばり撮影所やスタジオがある沿線が舞台になることが多い。というより、ロケも撮影所の近くで行なわれることが多いからである。

その路線は、**京王線**である。京王線の調布駅周辺には、映画のスタジオが多くあり、そこで映画やテレビドラマがつくられている。調布市在住の筆者は、調布市立図書館の建物でドラマの撮影が行なわれているのを何度も見た経験があるうえ、調布市役所には、市内で撮影やロケが行なわれた映画に出演した俳優のサインが多く飾られている。調布駅には、調布市内の撮影所に来た往年の大スターたちの手形が飾られている。

最近では、どの鉄道会社も撮影に協力的になってきてはいるものの、以前は京王電鉄以外の鉄道は撮影には非協力的だった。

その点、京王電鉄は撮影に協力しようという態勢が以前からあり、映画やテレビドラマの制作者からは好感を抱かれる鉄道会社となっていた。映画などの撮影所が沿線にあるから、というのが大きな理由だ。

京王には「京王ロケーションサービス」というものがあり、現在はそこで撮影の対応をしている。府中競馬正門前駅や京王多摩川駅臨時口、井の頭公園駅など鉄道施設での撮影対応箇所も用意されており、京王れーるランドや京王百草園《もぐさえん》での撮影も可能となっている。また車内での撮影にも対応しており、東府中～府中競馬正門前間で動く列車の車内での撮影もできる。

また、調布市には「調布フィルムコミッション」が、府中市には「府中ロケーションサービス」が、稲城《いなぎ》市には「稲城ロケーションサービス」が設けられており、映画やテレビドラマの撮影に対して積極的に対応してくれる。

そのため、映画やテレビドラマといった実写作品では、京王線沿線の風景がよく見られることになっている。どう見ても新興住宅地という描写は、かな

調布と映画のかかわりを記念して建てられた「映画俳優の碑」

りの確率で京王電鉄沿線ではないかと考えてしまう。

一方、アニメの舞台になりやすいのは、**西武池袋線**や**西武新宿線**である。この沿線にはアニメ制作会社が多く、身近な風景を作品の参考にするからだ。

むろん、**京王線**沿線の『耳をすませば』、**東武スカイツリーライン**沿線の『クレヨンしんちゃん』といった作品もあるのだが、とくに地域的な指定がない限り、西武池袋線や西武新宿線の風景が取り入れられていることも多いのである。

作品の舞台になりやすい地域は、制作者のいる地域、というふうに考えてもいいだろう。

6

沿線カラーを比較する

東急・東武・小田急・京王・西武・京急・京成・相鉄の

「沿線カラー」とは何か?

ここまで見てきたように、首都圏では多様な地域があり、それぞれに特徴がある。ＪＲ山手線内を中心に同心円状に広がっているのではなく、都心からの距離、あるいは沿線の特性により、個性豊かな「沿線カラー」を示しているといえる。

「沿線カラー」とは、単に鉄道会社の違いだけではなく、その会社の性質と、その沿線に住む人々の違い、そこから生み出される沿線の生活文化によって規定されるものである。暮らす人の経済状況の違い、最終学歴の違い、職業の違い、生活諸活動や人間関係の違いによって、どんな沿線になるのかということが決まってくるといっても過言ではないだろう。

もちろん、鉄道会社もどんな人が自社の沿線に暮らすのが望ましいかということは考えており、自社にとって望ましい人たちに沿線で暮らしてもらえるよう、イメージづくりを行なうことが欠かせない。

鉄道会社が「沿線カラー」をつくり出し、沿線の人たちが「沿線カラー」を再強化し、さらにそれを見ながら鉄道会社が「沿線カラー」を考えていくという、反復の構造になっている。沿線住民と鉄道会社は、単に鉄道の顧客側と運営側という関係ではなく、何もかもをともにしていくパートナーである。

そんななかで、「沿線カラー」というのが生まれてくる。どの沿線も、沿線創業時から長年積み重ねてきた歴史というものがあり、沿線の特徴というのは長期にわたって持続するものである。そんな「沿線カラー」が、各路線にある。

この「沿線カラー」の違いが、それぞれの沿線の文化や風土を生み出し、「沿線格差」のもととなっている。

「沿線格差」とは、単純に見た目だけで示されるものではなく、都市社会の構造に長年根深く存在しているものだ。都心からの距離だけで文化やライフスタイルが決まるのではなく、どの沿線に暮らすかでもそういったものが決まるというのが、「沿線カラー」を基盤にした「沿線格差」である。

筆者は、取材などで東京圏の各地域を訪れている。そのうえで、東京圏の歴史や、都市鉄道の歴史を調べ、東京都市圏の多様な文化や歴史を感じる日々を送っている。

東京圏の私鉄の多様性、あるいは住民の多様性が、沿線文化を生み出す一方で、「沿線格差」の一因となっている。それゆえに都市圏内での不平等、というのも示されることになる。

東京圏は均質ではなく多様である、ということを示す鍵となるのは、「沿線カラー」というものの見方・考え方であり、沿線を考えることは都市を考えるうえで重要であるとも感じている。

では、東京圏私鉄各社の「沿線カラー」というのは、どんなものなのだろうか？

東武鉄道沿線の魅力と実情は？

そもそも東武鉄道は、都市圏の通勤・通学を主たる任務とする鉄道として生まれたわけではなかった。東京都を中心に、埼玉県・千葉県・栃木県・群馬県に広がる一大ネットワークとして誕生し、蒸気機関車の運行もあった。

現在でも、単線区間が残っているという状況である。群馬県や栃木県では、ローカル輸送に徹しているところもあり、〝ミニJR〟のようなネットワークの性質を持っている。

そもそも東武鉄道の発足は、1897（明治30）年。1899（明治32）年には、北千住から久喜《くき》を結ぶ路線として開業した。足利までを結ぶ路線として計画されていたが、開業当時には電化もされていなかった。そのうえ、単線だった。それゆえ、鉄道国有化法案成立の際に、東武は国に買収される可能性もあった。

この時代にはもちろん、私鉄沿線ビジネスモデルというものはなかった。北千住と足利・伊勢崎を結ぶ鉄道として、長距離鉄道のようなダイヤで運行されていた。

明治時代末期から都市部で複線化が始まり、大正時代になって電化が開始され、ようやく都市鉄道としての条件を満たすようになっていた。

最初のターミナルは北千住であり、その後、現在の「とうきょうスカイツリー駅」のあたりに「浅草」を名乗るターミナルを設ける。隅田川は越えられないという状況であった。なお、このターミナルは「浅草」から「業平橋《なりひらばし》」へと名称変更し、貨物の取り扱いの拠点となっていた。

現在の浅草に東武鉄道が進出するのは1931（昭和6）年5月。この頃にはすでに、東京地下鉄道が現在の東京メトロ銀座線を開業させていた。

当時の浅草は、江戸時代から続く繁華街だった。浅草寺《せんそうじ》などを中心に、大衆演芸の一大拠点であり、庶民の娯楽の中心地となっていた。

この時代の下町は、工場などが密集し、その近くで労働者が暮らすという「職住接近」のエリアであった。都市の下層社会ともいえる地域であり、私鉄沿線ビジネスモデルとは異なるライフスタイルを送っている人が多かった。

一方、**東上《とうじょう》線**沿線では宅地開発を行ない、一定の社会階層の人たちへのサービスを提供することに成功している。

とはいえ、戦前の東武沿線はいまのように住宅が密集していたわけではなく、西新井あたりまでが通勤区間だったといえる。

東武鉄道が国鉄型ネットワークから、都市私鉄型ネットワークへと切り替えざるを得なくなったのは、戦後である。

住宅地が広がり、団地が沿線にできることで、都心部への通勤者が増大していった。しかしターミナルは浅草だったため、山手線と直接接続することができず、北千住での乗り換えが重要になってくる。

1962（昭和37）年5月に営団地下鉄（現在の東京メトロ）日比谷線に乗り入れることで、都心へのアクセスが便利になる。東武沿線の住宅地は地価が高くなく、かつ沿線に多くの団地ができたため、利用者がどんどん増えていった。大衆的な通勤鉄道としての役割が、東武に与えられることになったわけだ。

その後、竹ノ塚周辺の竹の塚団地や、巨大団地の草加松原団地・竹里団地などに多くの人が住むようになり、混雑する鉄道になっていく。それゆえ東武鉄道の本線系統は、複々線化によって対応するしかなくなってくる。複々線化の工事は平成の時代まで続いた。

東武東上線は「東京西側」の路線でも比較的庶民的な路線で、東部の**本線**系統は一般大衆が暮らす地域を走る路線である。本線の沿線には巨大な団地が多くあり、住宅に対する費用の安さから、高給とりではない人たちが生活するケースが多い。

本線の沿線には大卒・大学院卒の高学歴層は少ない。購読新聞は『読売新聞』がもっとも多く、『産経新聞』読者もそれなりにいる。

かつては町工場なども多く、いまでも商工自営業やそこで働く労働者が多数暮らし、そのあたりの層がしだいに減りつつも、雰囲気はいまなお沿線に残っている。とくに、押上から北千住の間は、古い東京下町の風景が残っている。

東武は、沿線そのものを売り物にしようという意識はあまりなく、地域全体の開発はほかの私鉄に後《おく》れをとっていた。東京スカイツリーの建設は、東武にとって地域イメージを変える過去最大の機会だったことだろう。それでも、「下町」というものを取り込み、そのイメージを利用することでしか、このエリアの再開発はできなかった。

現状をまとめると、本線系統は庶民的な下町の鉄道であり、線路は北関東につながっていくということで、あくまで大衆性を忘れない、あるいは捨てられない沿線といえる。

東京スカイツリー付近を走る東武の新型特急「スペーシアX」

東上線系統は、郊外の住宅街として発展しつつも、他の私鉄ほどの商業的・文化的蓄積はなく、「東京西側」らしさにちょっと欠ける路線だといえる。

純然たる都市の通勤鉄道というよりも、郊外のその先とを結ぶ路線であり、後背地《こうはいち》の存在感を何かと感じさせる路線である。雰囲気としては、ＪＲ東日本の東北本線（宇都宮線）や高崎線に近いものがある。

西武鉄道沿線の魅力と実情は？

西武鉄道について語る際には、堤康次郎《つつみやすじろう》のことを欠かすわけにはいかない。堤康次郎は、もともと鉄道会社の経営をする人というよりも、宅地開発のデベロッパーのようなところがあった。鉄道技術者でもなく、官僚でもない、しかも早稲田大学在学中から企業経営を行なっていた、叩き上げの経営者である。のちには国会議員にもなり、衆議院議長の要職も務めた。

そもそもが、不動産開発に熱心だった人である。軽井沢の別荘地や、箱根の温泉地、国立《くにたち》の学園都市など、沿線以外のところでもビジネスを営みながら、鉄道事業も行なっていたというのが正確だろう。

堤康次郎のもと、西武鉄道は東急電鉄のようになろうと、さまざまな事業に取り組んでいた。

ホテル事業や百貨店、スーパーなどを手がけ、東急グループと似たようなビジネスモデルを展開しようとしていた。

しかし、やっかいな問題があった。堤康次郎には多くの愛人がおり、複数の愛人との間に子どもがいた。そして、家庭だけでなく経営者としても家父長《かふちょう》制的な志向の持ち主であった。

堤は三男である義明《よしあき》に、将来の西武グループを担《にな》わせようと帝王教育をほどこしていた。義明は早稲田大学に進学し、サークル「観光学会」で数々のイベントを成功させ、その仲間たちも西武鉄道に入社していった。

一方、義明には異母兄に清二《せいじ》がいた。清二は東京大学に進み、学内で日本共産党東大細胞に属した。戦争直後の日本共産党東大細胞には、のちに日本のあらゆる世界で指導的立場になっていく人が多くいた。歴史学者の網野善彦《あみのよしひこ》や、日本テレビの経営者を務めた氏家齊一郎《うじいえせいいちろう》、そして読売新聞主筆・渡邉恒雄《わたなべつねお》などだ。こうした人たちとともに、清二も社会を変革すべく闘っていた。

清二の日本共産党への入党は、家父長制的な企業グループの支配者である父親への反発が大きかった。一時は勘当《かんどう》を願い出たこともある。しかし、結局は父のもとで働くしかなかった。

その際に清二が入社したのは、西武百貨店である。清二は、入社の条件として社内に労働組合をつくらせることを求め、これは認められた。

この後、堤家の兄弟たちは義明を中心に西武グループを拡大していく。そのなかで義明と清二は考え方の違いもあり、西武グループと西武流通グループに分かれていった。

西武グループは、堤康次郎以来の「土地」を重視する経営方針を貫《つらぬ》き、鉄道事業のかたわら、各地のゴルフ場やリゾート開発を行なっていくが、沿線の宅地開発にはそれほど力を入れていなかった。

西武鉄道沿線には、住宅公団の団地が次々とできていった。その住民が西武鉄道を利用し、いまは別グループとなった西友で買い物をするというライフスタイルが生まれてくる。

西友は初期には、西武鉄道沿線をターゲットに店舗網を拡大するが、やがては全国へと事業を広めていく。西武百貨店も池袋だけではなく、渋谷へと進出し、各地に店舗を設けた。

西武グループは鉄道事業と不動産事業、ホテル事業を中心にし、西武流通グループ改めセゾングループは、小売り事業や飲食事業だけではなく、クレジットカード事業に力を入れ、そのかたわらで不動産やホテルも手がける。

そのあたりのちぐはぐさが、沿線としての一体感を醸成するということにおいてうまくいかない状況を引き起こしている。それでも、西武グループでクレジットカードをつくりたいというときには、セゾンカードから発行するということになっていた。

つまり、歴史的経緯から西武沿線にセゾングループのお店があるわけで、資本系列として一括にまとまっているというわけではないのだ。その点で、一体感のある沿線になっているとはいえない。

もちろん、西武グループものちに住宅開発を行ない、大規模な宅地があるにはあるものの、戦前から鉄道と沿線開発を一体となって行なってきたというわけではない。

また、西武グループの歴史や、西武鉄道沿線の地域性をつくるうえで、義明と清二の折り合いの悪さや、政治的考え方の違いというのが大きく影響していると考えてよい。

清二は日本共産党の国際派・所感派の対立のさなかに国際派に属し、除名されたものの、それでも左翼的な人間であり続けた。「辻井《つじい》喬《たかし》」というペンネームで詩人として活躍、小説も書き、文化人としても知られた。経済人

ひばりヶ丘駅周辺は池袋線を代表する住宅地のひとつ

として、さまざまな企業経営者や政治家とも交流した。選挙の際には日本共産党に投票する、と公言していたという話もある。

その価値観が「無印良品」を生み、セゾンカードを西武百貨店や西友のハウスカードの枠に収まらないカードに育て上げた。セゾングループは崩壊したものの、セゾンの精神は旧セゾン系企業には生き続けている。

西武鉄道沿線では、相容れない義明の家父長主義と、清二の左翼的精神が矛盾しつつも生き続けているというのが特性としてあるだろう。

堤義明はすでにグループを追われ、みずほ銀行出身の後藤高志が経営を立て直し、西武グループは現在のような状態にある。

このように、西武鉄道沿線は、東京の城南地域の私鉄各線のように、ブランド力があり、企業グループ全体で統一したサービスを提供できているわけではない。

「東京西側」の私鉄のなかにおいて、西武鉄道は東急グループほどのブランド力があるわけではない。ターミナルが池袋や西武新宿という、渋谷やJR新宿駅ほどのブランド感がない場所だということもあるが、歴史的経緯により、鉄道会社が統一したサービスを沿線に提供できない状況になっているのが大きな原因だといっていい。

堤義明のような大学サークルのレジャー中心の文化か、堤清二のような文学や美術・思想を中心としたハイカルチャーか、というものが、西武沿線には存在する。

さまざまな人が西武鉄道沿線には住んでおり、沿線自体の多様性が確保され、各沿線の平均的なものとなるような沿線文化が西武にはあるのだろう。裕福な人もそうではない人も、革新的な人も保守的な人もいるのが、西武鉄道沿線である。

京成電鉄沿線の魅力と実情は?

京成電鉄の沿線は、どこか庶民的である。とくに、東京都内の区間はその傾向が強い。葛飾区などを通るせいか、下町情緒があふれている。一方で、東京23区全体でその傾向があるものの、豊かさ関連の指標には恵まれない沿線である。

京成電鉄本線でもっとも混雑しているのは、JR山手線との接続駅である日暮里《にっぽり》の手前ではなく、JR総武線船橋駅に近接する京成船橋の手前である。ラッシュ時の混雑率は、2021(令和3)年度で98パーセント。なお、押上《おしあげ》線はさすがに都心に近いところが混雑しており、押上の手前で93パーセント。京成の利用者は、地下鉄に直通する人を除けば、京成船橋でJRに乗り換える、というのが行動パターンである。

混雑率から見ても、都心に向かう会社員などでラッシュ時はあふれているというわけでもない。沿線には、中小の商工業者が多く住み、そのなかで大きくなった会社には、タカラトミーのようなおもちゃの会社もある。タカラトミーのボードゲームの名作、「人生ゲーム」の発売55周年を記念し、青砥《あおと》では駅看板を「人生ゲーム」仕様にしたこともある。

漫画家のつげ義春は幼い頃、葛飾区で暮らしていた。小学校を出ると貧しさゆえに中学校には進学せず（なお、この頃はすでに義務教育の新制中学校になっていた）、メッキ工場で働いていた。このときの経験をもとにした作品が、「大場電気鍍金工業所」である。

いまでは、この漫画に描かれたような厳しい労働環境の工場はないものの、中小商工業者が多く集まる場所であるという地域性は変わらない。そういった小規模の商工自営業者の集積する地を、

京成船橋駅はJR・東武鉄道との乗換駅となっている

東京都内の京成電鉄は走行している。

むしろ、所得や住民の学歴という、豊かさをめぐる指標についていえば、江戸川を渡った千葉県側で都心よりもむしろ高い数字を示している。千葉県内の京成電鉄沿線はベッドタウンであり、東京都内とは様相を異にしている。

こちらでは、東京西側ほどではないにせよ中学受験が盛んであり、大卒の家庭も多い状況になっている。都心に近いところに経済的に余裕がある人が住まず、離れたところに余裕のある人が暮らすというモデルがある沿線である。

都市社会学でよく使用されるアーネスト・バージェスの同心円理論では、都市の中心に業務地区が存在し、その周辺に軽工業地域と劣悪な住宅地が存在する。その外側には労働者居住地帯、住宅地帯、通勤者地帯と広がっている。

この同心円モデルが適用しやすいのが、京成電鉄沿線である。その証拠に、京成船橋よりも東側に人は住み、この駅で乗り換えて都心に向かおうとする人が多いということがある。

京成電鉄は、もともと「軌道」としてつくられ、さらには成田山新勝寺への参詣《さんけい》のために建設された経緯もあってか、地域づくりに力を入れてこなかったという歴史がある。もちろん、土地の分譲なども行なったものの、東急グループなどのように大規模な開発を手がけたわけではない。むしろ、沿線から離れた地域で土地開発に力を入れたという歴史もあるのだ。

そんなわけで、京成電鉄は駅の数が多く、駅間距離も短い。停車駅も多いため、ＪＲに乗り換えて都心に向かうにも時間がかかる。

京成電鉄ならば、向かうのは日暮里か押上だ。押上から都営浅草線に乗り入れるものの、オフィス街とは若干離れたところにしか着けない。日暮里は乗り換えが必須だ。京成電鉄よりも速達性が高い総武快速線に乗り換え、都心をめざすという郊外生活者の行動が見てとれるようである。

現在の京成電鉄は、最大で8両編成となっている。ＪＲ総武線と競合しているが、総武緩行《かんこう》線は10両編成、総武快速線は15両編成だ。しかも、京成電鉄は1両あたり18メートル、ＪＲは1両あたり20メートルの車体長である。当然、輸送力には大きな差がある。ほかの関東圏私鉄と比べても、長編成化については後《おく》れをとっていた。

開業以来長く、通勤輸送と成田山への参拝者輸送を中心とした庶民的な路線として運行してきた京成電鉄は、１９７８（昭和53）年5月に成田空港に乗り入れ、「スカイライナー」の運行を開始した。成田空港への輸送は、京成グループの鉄道部門において、それまで手がけてきたものと並ぶ大きな柱として育っていく。

成田空港への乗り入れにより、京成電鉄の存在感は一気に高まった。この間、大きな投資への失敗による経営難があったものの、１９９１（平成3）年3月には成田空港のターミナルビルに乗り入れ、空港と直結（それまでは駅から連絡バスを乗り継いでいた）する。2010（平成22）年7月には**成田スカイアクセス線**が開業し、日暮里乗り換えというハンデをくつがえす最高時速160キロの速達性で、支持を集めるようになった。

成田山新勝寺参詣を目的としてつくられた京成電鉄は、通勤輸送を手がけつつ、成田空港アクセス鉄道にも力を入れている。都心から離れたところでの利用が多いという特徴を持つために、都市社会の構造を示す沿線となっているのが、京成電鉄沿線である。

京王電鉄沿線の魅力と実情は？

知られざる実力派沿線、というべきなのが京王電鉄の沿線である。東急沿線のようにハイソサエティなイメージはなくても、十分に高級感のあふれる沿線であり、沿線の不動産価格や大卒率の指標も高い。両隣のJR東日本中央線や小田急電鉄ほどではないにせよ、豊かさが感じられる沿線となっている。

小田急電鉄が小田原を一気にめざして開業し、中央線の前身である甲武《こうぶ》鉄道が多摩エリア（とその先にある山梨県と長野県）を一気に結びつけようとして開業したのに対し、**京王電鉄京王線**系統は路面電車の延長として開業した。軌間は1372ミリメートルであり、都心の路面電車と同じであった。そのため、現在の新宿三丁目周辺から調布、そして府中へと開業した際には、駅が多く設定されていた。しかも根拠法は軌道法だった。

京王の狙いは、甲州街道付近に暮らす人に、路面電車のような便利な交通機関を提供しようというものだった。並走している中央線と比べ、駅の数が多く、駅間距離が短く、そもそも直線ではないということが特徴で、こまめに地域の乗客を乗せて便利に利用してもらおうとしたのだ。

府中より先は、京王の関連会社が地方鉄道法に基づいて軌間１０６７ミリメートルの線路を敷設《ふせつ》した。実際に府中を過ぎると、京王電鉄の風景はがらりと変わるのである。その後、この会社は京王と合併した。そのうえで軌間を京王と統一した。

では、**井の頭線**はどうなっているの？　とお思いの方もいるかもしれない。井の頭線は「帝都電鉄」という小田急系列の鉄道会社として、軌間１０６７ミリメートルで開業した。この軌間は小田急と同じである。東京を環状で囲む路線として計画された一部が、現在の渋谷～吉祥寺間である。帝都電鉄は、開業後に小田急と合併する。

井の頭線沿線は、東京都内でも屈指の高級住宅街を走る路線である。世田谷区や杉並区といった、地価の非常に高いエリアの路線となっており、人気の高い路線だ。京王線系統と井の頭線系統では、ちょっと雰囲気が違うのである。

ではなぜ、このふたつの系統が、同じ沿線になったのかというと、戦時中の「大東急」(27ページ参照)によるものだ。東京の南西部の私鉄が、すべて東急の傘下になったのである。

太平洋戦争が終わると、「大東急」となっていた各社は、別々の道を歩むことになった。その際に、「京王帝都電鉄」(現在は京王電鉄)を名乗ることになり、旧京王と旧帝都が同じ鉄道会社となった。軌間の違う京王線系統と井の頭線系統が併存するのは、こういった経緯があるからである。

戦後の京王は、新宿駅近くに併用軌道があり、路面電車の規格から脱皮できないでいる状態をどうするかが課題となっていた。小さい車両、短い編成、都心側の多すぎる駅。このあたりをどうするかで京王は苦戦した。

と同時に、鉄道事業だけではなく、沿線価値をどう高めるかも京王の課題となった。そして、バス事業の強化や、百貨店・マーケット事業の設立に力を入れると同時に、不動産事業も重視するようになった。

こうして、路面電車ベースの鉄道事業から、沿線ビジネスの強化へと、京王のビジネスモデルは変わっていったのだ。

京王が現在の礎《いしずえ》を築くのは、1963(昭和38)年4月の新宿駅地下化である。これまでは新宿駅近くは地上を走り、道路と平面で交差していたが、道路には車があふれ、鉄道の本数も増大するなかで、抜本的《ばっぽん》な改善が求められる状況にあった。この状況を改善したうえで、架線電圧を600ボルトから1500ボルトに昇圧《しょうあつ》、同年に新宿から東八王子（現在の京王八王子付近）に特急を走らせ始める。

新宿駅を地下化し、京王百貨店をつくり、京王ストアなど沿線に関連ビジネスを展開する一方、鉄道事業も強化したことで、京王は現在の地位を築いていった。車両も6両から8両、10両へと長編成化し、駅施設も整備が進んだ。

京王がさらに発展していったのは、多摩ニュータウンのアクセス鉄道として**相模原線**を開業させてからである。1971（昭和46）年4月の京王多摩川〜京王よみうりランド間を皮切りに、京王多摩センター・南大沢・橋

京王ストア桜ヶ丘店が入居する京王聖蹟桜ヶ丘ショッピングセンター

本と延伸し、都心へのアクセスを引き受けた。小田急も多摩ニュータウンへのアクセスを引き受けたものの、現在に至るまで京王の利用者が多い状態となっている。

また都心部では、1980（昭和55）年3月に**京王新線**が都営新宿線との相互乗り入れを開始した。なお京王新線自体は、1978（昭和53）年10月に開業し、初台《はつだい》や幡ヶ谷《はたがや》のホームはこちらに設けられた。

このような施策により、京王は郊外住宅地やニュータウンと都心部を結ぶ鉄道としての地位を確立した。都市富裕層が集まる井の頭線沿線と、郊外に居を構える大卒ファミリー層が集まる京王線・相模原線系統が、京王沿線の豊かで生活水準の高いイメージをつくりあげていったのである。

また、京王の沿線には中高一貫校や大学も多く、子育てをするのに最適な沿線だという印象を多くの人に与えている。近年では多摩動物公園エリアを強化し、「京王あそびの森 HUGHUG」や「京王れーるランド」で、「選ばれる沿線」施策に力を入れるようになった。

京王電鉄沿線は、鉄道サービスの水準を少しずつ強化し、あわせて沿線をつくりあげることで発展してきたといえる。

いっけん地味に見えるが、実力はけっしてあなどれない沿線なのだ。

小田急電鉄沿線の魅力と実情は?

小田急電鉄は、利光鶴松《としみつつるまつ》が鬼怒川《きぬがわ》水力電気の子会社として設立したのが始まりだった。小田急の特徴として、中心となる**小田原線**を1927(昭和2)年4月に開業、同年の10月には全線を複線化した。主要な支線である**江ノ島線**は1929(昭和4)年4月に開業し、こちらは当初から全線複線だった。

小田急電鉄は当時の水準としては工事が手早く行なわれ、しかも線形のいい路線であった。新宿と小田原を高速で結ぶという使命を持ち、開業して1年も経たないうちに急行列車を運行するという積極的な姿勢を示した。成城学園や林間都市の開発にも着手し、子会社の帝都電鉄(現在の京王井の頭線)も開業する。

小田急は、鉄道の速達性を重視し、沿線開発にも創業期から熱心であり、きわめてビジネスへの意識に富んだ鉄道会社といえる。

北側を走る京王電鉄と比べても、その差は大きい。京王が時間をかけて沿線開発を行なったのに対し、小田急は創業当時から沿線開発に熱心だった。このあたり、利光鶴松が電力会社経営者で、起業家精神が旺盛《おうせい》だったという背景がある。

戦前の電力事業は、電力自由化前の規制事業とは異なり、自由に事業を起こすことができた。戦時下で電力が国家管理されるまでは、鉄道会社と電力会社を一緒に営んでいる事業者が多かった。東急の五島慶太《ごとうけいた》ほどではないにせよ、鉄道を中心とした複合ビジネスというモデルを意識していたのが小田急である。

そのような経緯もあってか、沿線の住環境はすこぶるよい。甲州街道沿いの京王電鉄のように、古くからの地域を通っていないため、イチから沿線をつくるということになった。学校を誘致し、住宅地を開発し、多摩ニュータウンの開発の際には新線を建設した。

戦時下で小田急は「大東急」に編入されたものの、1948（昭和23）年6月に独立。その年のうちに小田原への特急を運行するようになった。

1950（昭和25）年8月には、箱根登山鉄道の箱根湯本乗り入れもスタートした。このあたりから、沿線環境の豊かさだけではなく、箱根観光の楽しさも企業活動の重要な要素となっていった。

小田急の存在感を一気に高めたのは、1957（昭和32）年6月のロマンスカーSE形の登場である。箱根観光のための、特別な速達型車両として注目を集めた。また、連接車《れんせつしゃ》（複数の車体をつなぎ、一体のものとして運用する車両）の8両編成という、画期的な車両も高く評価された。

この車両を導入することで、小田急のイメージは非常に高いものとなる。その後、ロマンスカーは優《すぐ》れた私鉄特急として、名声を保ち続けている。

豊かさにあふれた沿線、走るのはロマンスカー。小田急はイメージづくりに大成功し、戦前からつちかってきた鉄道を中心とする複合ビジネス企業としてのノウハウを生かし、沿線をさらに発展させた。

「関東における沿線開発のノウハウは、東急グループが随一《ずいいち》だ」とは一般的によくいわれる話であるが、小田急は箱根や江ノ島といった観光地が目的地として存在する。豊かさにあふれる地域と、その先に観光地があるという特性から、都心へ向かうだけではない需要もあり、その特性を生かした企業活動を行なっている。

また、他社との競争を制し、都市鉄道と観光輸送を両立させているということも特記すべきだろう。箱根では小田急と東急が手を組み、進出してきた西武グループと観光開発などの競争を行なった。その熾烈《しれつ》さは、作家の獅子文六《ししぶんろく》が『箱根山』という小説にしたほどである。

小田急線沿線の基本的な特徴としては、沿線には高学歴・高所得層が多く、しかも近年完成した複々線化の影響もあって、鉄道の利便性まで向上するという、恵まれたポテンシャルを持っていることだ。

一方、もともとは農村部で、そこを開発して住宅地にしていったという経緯からか、比較的新しい街が多い。

開業は昭和に入ってからの鉄道であり、そこから沿線がつくられていった。関東大震災後に多くの人が郊外に移り住むなかで、早く移り住んだ人は東急沿線に移住し、遅く移り住んだ人は小田急沿線にやってきたというところがある。

現在は、経済的にある程度裕福な人たち、社会的地位が高い人たちをターゲットにした沿線であり、その状況が現在も続いている。

また、教育面で学力競争よりも個性の尊重を大切にしているように感じられるのは、自由な校風で知られる玉川学園や和光学園が沿線にあるからだろう。

豊かな人たちがのびのびと暮らし、箱根観光などをときどき楽しむというのが、小田急沿線の特徴である。

箱根湯本駅を出発する小田急ロマンスカー

東急電鉄沿線の魅力と実情は？

「沿線」「沿線格差」「私鉄沿線」と聞いて、多くの人がイメージするのはおそらく東急電鉄沿線ではないだろうか。

もちろん、そうなるのも仕方がない。一般人の「沿線」にかんするイメージをつくり出したのは東急グループだからだ。鉄道があり、商業施設があり、住宅があり、そしてその地域から都心の職場や学校に通う――つまり、「沿線」というものを意識してビジネスを展開したのは、関東では東急グループが最初である。

そもそも東急グループの前身「田園都市株式会社」は、渋沢栄一《しぶさわえいいち》が郊外住宅地の開発のために創設した会社であり、鉄道事業とあわせて事業を展開しようとしていた。当初は関西にて沿線ビジネスを確立していた小林一三《こばやしいちぞう》に手伝ってもらっていたが、鉄道事業のために五島慶太を推挙し、目黒蒲田電鉄ができることになった。

それ以来、五島慶太は路線網の延伸や近隣路線の買収・統合により、鉄道事業の規模を拡大させるだけではなく、住宅開発や百貨店事業の展開、それらを含めた沿線ビジネスの複合展開を行なうことで、企業規模を発展させていく。学校の誘致にも積極的で、通学需要も生み出し、それらの学校の存在が鉄道路線の価値を高めるという状況になっていった。

東急グループがターゲットとしたのが、高等教育を受けたファミリー層である。戦前の教育制度の時代には高等教育を受けた人はいまよりもずっと少なかったが、そういった層に鉄道サービスと住宅サービス、その他商業サービスを提供するという方針を貫いてきた。

鉄道を中心に地域をまるごと開発し、そこに豊かな層が暮らせるようにすることで沿線価値を発展させる、というのが東急グループの基本戦略である。

ほかのどの私鉄沿線よりも、高学歴・高所得層が多く、新聞では『朝日新聞』が多く読まれ、保守系政党が票を獲得しにくいという傾向を持っている。沿線にある世田谷区の保坂展人《のぶと》区長は、元社民党の国会議員という経歴を持っており、地域の中心人物でもなければ、保守的でもないタイプの政治家は首長になりにくいという傾向があるにもかかわらず、2023(令和5)年の統一地方選挙で4期目の当選を果たした。

社民党経験のある自治体のトップで知られるのは、ほかに兵庫県宝塚市の中川智子市長の例があるものの、こちらは阪急沿線となっている。阪急電鉄は関西では圧倒的なブランド力を持つ私鉄である。これ以上、保守系の候補に人気がない沿線は、関東圏ではJR東日本の中央線くらいである。あるいは、団地住民が日本共産党やかつての日本社会党の支持層になっていた西武鉄道沿線か。

左派・リベラル派の候補を支持する人には、比較的、知的なバックボーンを持つ人も多い傾向がある。ブランド力の高い沿線に、そのような層が集まるのは興味深い。「沿線格差」関連の話題で、東急電鉄がセレブ路線として扱われるのには、背景の経済的豊かさと、知的豊かさが理由となっていると考えていいだろう。

そのあたりを極限まで突き詰めたのが、戦後の成長期に東急が中心となって開発した多摩田園都市である。広い住宅地、商業施設の完備などに力を入れ、多くの大卒者たちがそこで家庭を持ち、子どもを中学受験させた。この沿線には都心からかなり離れていても中学受験の塾が多くある。そして、東急電鉄の沿線ファミリーは、再生産されていく。

近年、高学歴・高所得層は、タワーマンションに暮らしているということもよくいわれる。東急沿線にもタワーマンションが多く建つエリアがある。**東急東横線**の武蔵小杉駅周辺だ。

このあたりは京浜工業地帯のなかで、かつては電気関連や新聞輪転機関連の工場が立ち並んでいたが、工場は郊外に移転し（もっとも、これらの工場ができたときには武蔵小杉周辺は郊外だった）、その跡地がタワーマンションとして再開発された。

工業地帯は土地こそ広いものの、**田園都市線**沿線のように地盤がしっかりしているわけではない。そこを技術力で克服し、巨大なマンションがいくつも建つようになっていった。このあたりのタワーマンションを選ぶ人たちは、もともと東急沿線に生まれ育った人たちが多いのではないかということを考えることも可能だ。

東急沿線の豊かさを示すエピソードに、コロナ禍でテレワークが盛んになった時期の話がある。東急沿線は、ほかの私鉄沿線に比べてテレワーク可能な企業や職種の人が多いため、利用者が大きく減ったということになった。これはいまでも完全には戻っていない。

しかし、テレワーク可能な企業や職種は、大企業のホワイトカラーであり、しかも経営判断が合理的なところである。東急沿線に住む人は、比較的個人の裁量権の大きい仕事をしており、さらに知的職種の人も多く、職場のマネジメントスタイルも体育会系ではないと見ることも可能だ。

コロナ禍で確かに東急電鉄の鉄道事業収入は減ったが、このような現象が起こったこと自体、

2000年以降、周辺が大々的に再開発された武蔵小杉駅

東急沿線でのライフスタイルの豊かさを示すものといえないだろうか。

創業当時から、「沿線格差」を意識して鉄道と関連事業を行ない、経済的にも文化的にも豊かな層が求めるものを提示し、多くの人を引き寄せてきたのが、東急グループである。

路線が長いわけでもなく、観光地などもないため、有料特急のような鉄道そのもので華がある事業はできないものの、鉄道事業、そして関連事業の発展が、地域社会の発展にも大きく貢献してきた。東急電鉄は「沿線格差」の頂点に立ったといっても過言ではない。

京急電鉄沿線の魅力と実情は？

京急電鉄は、沿線住民に愛されている鉄道会社である。しかし東急電鉄のように、グループ全体でフルサービスを提供することで沿線住民の支持を受けている、というスタイルではない。

もちろん、京急グループにはホテルもあれば、スーパーマーケットもあり、クレジットカードもある。だが京急の「愛され方」は、そのあたりがしっかりしているからというものではない。鉄道事業そのものが愛されているのだ。京急沿線住民の「愛線心」の高さは、鉄道そのものの魅力が生み出しているところがある。

そんな沿線住民の鉄道愛を感じさせるのが、横浜駅から徒歩10分ほどの京急グループの本社にある「京急ミュージアム」である。小さい展示施設ながらも、京急の歴史や車両、沿線について知ることができ、興味深い施設となっている。「京急ミュージアム」は、2020（令和2）年1月にオープンし、当初から入館には予約が必要だった。コロナ禍を経てもなお、予約制を採用せざるを得ないほどの人気施設である。

京急の沿線自体は東京に近くても、所得の高い人たちが多く暮らしているわけではない。工業エリアと住宅エリアが混在するのが品川から横浜までの間であり、東海道沿いにあるという立地でも、地価は高いほうではなく、住民の所得水準も高くはない。工場などが沿線に多いということで、もともとはブルーカラー労働者が多く暮らしているエリアである。

住宅の面積も、けっして広くはない。そのよう

京急ミュージアムでは沿線を再現したジオラマなどが楽しめる

なマンションや一戸建てはファミリー向けとはいえ、所得が一般的な程度の人が住むというものである。また、車窓を見ると住宅が密集しており、広い土地を使用した住宅が建てにくいエリアだと感じさせられる。

だがそういった風景は、横浜を過ぎてしばらく経つと変わっていく。逗子や久里浜などは、リゾートの雰囲気もある。

京急電鉄でラッシュ時に混雑しているのは、じつは品川駅手前ではない。横浜駅手前である。横浜以遠の地域に多くの人が暮らし、京急で横浜までやってきて、そこでJRに乗り換えて都心の勤務先まで行くというのがわかるようである。

そういった地域を走る京急は、車両と走りにこだわっている。京急の車両は「赤」が印象的であり、主力車両である1000形電車の一部の車両に塗装が施されず、ステンレス地をさらした際には、京急ファンから反発が起こったほどだ。その後に投入された同形車両では、フルラッピングや全塗装となってひと目でわかる「赤」が復活し、ファンを喜ばせた。20次車「Le Ciel」はブルーリボン賞を受賞している。

走りも、先頭車を電動車にし、高速性能も向上させ一部区間では時速120キロ運転として高い評価を得ている。車両は、2扉クロスシートの2100形の人気が高い。地下鉄に乗り入れず、速達型専用車両であり、ラッシュ時には座席指定列車に使用される。

また、首都圏の私鉄としては珍しく、途中駅での増解結をひんぱんに行なう。ラッシュ時などは、途中駅で増結し、品川駅で解結という列車もある。

このように、他の私鉄に比べて独特の鉄道事業を行なうという姿勢が、京急沿線住民の「愛線心」につながっている。このあたりは、沿線のあらゆる階層の人間に共通する意識であると考えられる。京急沿線の住民は、経済状況に関係なく京急電鉄を愛しているのだ。それゆえに近年、一部で報じられる京急電鉄の労働環境の問題は、残念なことに思える。

京急沿線住民が「京急ミュージアム」に押し寄せることから、京急電鉄は沿線住民のあこがれといっても過言ではない。美しい塗色の車両、走りのよさ、きめ細かなサービスは鉄道で働く人たちの日々の努力によって成り立っているのだ。

京急電鉄は、グループ内で不動産事業に力を入れており、手がける分譲マンションの広告が車内の中吊《なかづ》りにもある。京急沿線住民が京急を愛しているからこそ、京急の沿線を離れたくないという思いがあり、こうしたマンションの需要もある。

「選ばれる沿線」という言葉は多くの私鉄が使う。京急は鉄道の魅力ですでに「選ばれ」ている。京急電鉄には、鉄道そのものをもっと大切にしてほしい。ここまで愛されている首都圏私鉄はそうはなく、その意味でポテンシャルはものすごく高いのだから。

相模鉄道沿線の魅力と実情は?

神奈川県内のみの路線網ではあるものの、東急電鉄やJR東日本を介して都心に乗り入れることで知名度と存在感が大きく上がった相模鉄道。そもそも、首都圏の大手私鉄として認識されるようになったのは、比較的最近のことである。

相模鉄道は、1990(平成2)年5月末に、日本民営鉄道協会において「準大手私鉄」から「大手私鉄」へと昇格することになった。現在では10両編成や8両編成の列車が当たり前に走っている鉄道事業者ではあるものの、住宅地に通勤電車を走らせるという形態になるまでは紆余曲折《うよきよくせつ》があった。

そもそも、相鉄グループの源流は、橋本と茅ケ崎《ちがさき》を結ぶ現在のJR東日本相模線である。この路線が相模鉄道として開業した。現在の**相鉄本線**にあたる路線は、1926(大正15)年5月に神中《じんちゆう》鉄道が開業させたものだ。最初に開業したのは、二俣川《ふたまたがわ》から厚木の間で、同年4月には茅ケ崎方面から延伸を続け、厚木へと到達した相模鉄道と接続した。

当時の相模鉄道や神中鉄道は、蒸気機関車列車が中心で、砂利輸送を行なっていた。東京圏の大手私鉄としては、異色の経歴を持つ鉄道である。人を運ぶことが第一ではなかったのだ。

その後、神中鉄道は横浜市中心部に向かって延伸を続け、1933（昭和8）年12月に現在の相鉄本線にあたる区間が開業した。ちなみに、1941（昭和16）年11月に神中鉄道の旅客輸送は厚木へ向かうのをやめ、海老名に向かう路線になっている。

それぞれの会社は前後して東急の五島慶太の手に落ち、1943（昭和18）年4月に合併した。しかし、戦時輸送のために相模鉄道の区間は国有化することになった。そこで、もともとは神中鉄道だった路線が、相模鉄道となる。アジア・太平洋戦争末期から終戦直後の混乱期は、経営を東急に委託していた。

戦後、東急から独立した相鉄は、横浜駅周辺の開発に力を入れる。一方で、鉄道事業の拡充にも取り組んだ。しかし、全線電化は1944（昭和19）年に済んでいたものの、1974（昭和49）年3月まで、全線複線化は完了しなかった。

この間、沿線は横浜の郊外住宅地として発展していく。相鉄も宅地開発に力を入れ、スーパーマーケットなどの関連事業も行なうようになった。

宅地開発とあわせて相鉄発展の源《みなもと》になったのは、**相鉄いずみ野線**の建設である。1976（昭和51）年に二俣川からいずみ野までの区間が開通。1999（平成11）年3月に湘南台までの全線が開業した。

このように、鉄道事業の強化、不動産事業への注力、生活関連産業の充実と、過去の東急グループがやってきたことを手本にするような施策に取り組み、企業を発展させていったのが相鉄である。

横浜駅の相鉄ジョイナス内の百貨店は、自社系列ではなく高島屋がテナントとして入っているものではあっても、一応は百貨店として存在しており、ビジネスモデルの観点からは貨物中心の私鉄から都市型電鉄会社への転換に成功しているといえる。

本線といずみ野線のみ、乗り入れもないという手堅い私鉄が、以前の相鉄だったが、転機がやってくる。JR東日本や東急への乗り入れの計画が決まったことだ。

それまで、都心へ行くのに横浜駅での乗り換えを必要としたことが、沿線ビジネスの主体としての相鉄グループの弱点となっていた。JR東日本や東急との直通が決まり、東急との直通は東京メトロ副都心線や南北線、都営三田線とも直通するということで、沿線の価値も向上することが期待された。

相鉄・JR直通線が開業したのは2019（令和元）年11月、**相鉄・東急直通線**が開業したのが2023（令和5）年3月である。相鉄新横浜線ができたことで、相鉄は大きく変わった。

これを見越して、相鉄はグループを挙げて「沿線力」を強化した。「選ばれる沿線」を相鉄も掲げるようになり、イメージアップのための施策に取り組むようになった。

その代表が、「デザインブランドアッププロジェクト」である。「ヨコハマネイビーブルー」

をイメージカラーとし、それを基調に車両だけではなく、駅などのデザインや表示物もより洗練されたものに変えていった。

　この「ヨコハマネイビーブルー」は、深みのある青色で、存在感を強く示せる色となっている。ＪＲ東日本に直通する１２０００系と、東急に直通する２００００系（東京メトロ副都心線方面に向かう）や２１０００系（東京メトロ南北線や都営三田線方面に向かう）に採用され、従来の車両も塗色変更が進みつつある。

　相鉄とはかくあるもの、という存在感を乗り入れ先においても示し、相鉄に興味を持ってもらい、沿線に住んでもらうというのが基本的な考え方となっている。

　これまでは、都心から離れた郊外にある環境の整った住宅地、というのが相鉄の沿線だった。都

新横浜駅の「相鉄・東急直通線」改札口

心直通にともない、大手私鉄としての存在感を高め、「選ばれる沿線」としての価値向上に力を入れている。これから伸びる沿線は、相鉄沿線ではないだろうか。

7

各社の未来戦略とは

東急・東武・小田急・京王・西武・京急・京成・相鉄

各社が推進する「選ばれる沿線」戦略とは

首都圏の大手私鉄各社は、単に鉄道を走らせるだけではなく、沿線で、あるいは沿線に住む人のためにさまざまなビジネスを行なうことで、企業グループ全体を発展させようとしている。各社それぞれにビジネスモデルの違いこそあっても、だいたいのところは同じである。鉄道サービスだけではなく、商業施設や不動産、クレジットカードなどの金融ビジネスを組み合わせて、沿線での暮らしやすさを競っているのだ。

その象徴となる言葉が、「選ばれる沿線」である。「選ばれる鉄道」ではない。もし、鉄道だけが「選ばれる」のであれば、駅施設の整備、列車ダイヤの向上、車両の質を高めるということだけをやっていればいい。

確かに、駅のトイレをきれいにしたり、列車本数を増やしたり、緩急接続《かんきゅう》をこまめにしたり、新車を続々と投入し、居心地《いごこち》のいい列車内にしたりと、鉄道とその周辺を向上させることを中心に利便性と快適性を向上させる、という考え方もある。駅にエスカレーターやエレベーターを備えたり、ホームドアを設置したり、ということも、もちろんその範囲に入る。

だがこうしたことは、首都圏を走るどの大手私鉄でも「前提条件」になっている。さらにいえば、「やって当たり前」の範疇《はんちゅう》に入っている。

「選ばれる沿線」になるためには、鉄道だけがしっかりしていてもどうにもならない。沿線の生活環境が豊かで、そこで暮らすことがあこがれとなり、あるいは現在暮らしている人が沿線を離れないように、さまざまな設備を整え、イメージアップ活動も行ない、長期の定住を促進するのが「選ばれる沿線」戦略なのだ。

大手私鉄グループが提供するサービスの上質さを競い合い、より快適な生活を沿線住民が享《きょう》受《じゅ》できるようにし、地域の価値を上げ、それをもって鉄道会社の価値を上げようとするわけである。

そのために首都圏私鉄グループは、沿線に多大な投資を行なっている。住宅地やマンションを開発するだけではなく、その質もより高いものにしている。商業施設の充実にも力を入れる。鉄道会社主導となりながらも、沿線自治体とも協力し、地域の価値を向上させるにはどうしたらいいのかを、つねに考えている。

単なる金儲け主義ではなく、沿線の環境を向上し、住民と自治体、そして鉄道会社のグループが共存共栄しつつも、あくまで自社グループが発展していくことを示すための言葉として、「選ばれる沿線」という言葉が使われている。

この言葉を掲げ、企業戦略を練るようにしたのは、おそらく**東急グループ**が最初かと思われる。しかし近年では、東京圏の城南地域の私鉄がこの言葉を使うようになり、**京王電鉄**のグループや**相鉄グループ**も使用するようになっている。また、**小田急電鉄**はこの言葉を前提とした沿線づくりに熱心であり、首都圏の大手私鉄はどこでもこのことを前提として沿線づくりをしている。首都圏大手私鉄各社が提供しているのは、鉄道ではなく沿線であるといっても過言ではないのだ。

「沿線」をビジネスの材料とすることで首都圏大手私鉄は発展し、現在の地位にある。そのなかで、多くの人から「この沿線に住んでいる人がうらやましい」と思えるような沿線をつくった鉄道会社が、「選ばれる沿線」戦略の勝者なのである。

近年「沿線格差」ということがいわれるようになった。沿線ごとにそれぞれ違いがあり、その格差も大きいということが話題になり続けている。

バブル崩壊後、日本経済は立ち直ることができず、そのなかで新自由主義的な価値観が社会に広まり、格差や不平等が大きくなっていった。しかし、このあたりを問題にする議論はなかなか広まらず、事態は悪化する一方だった。

企業であれ個人であれ、ミクロな主体が利益を確保するためにもっともよい方法を取ることが基本的な価値となり、社会全体をどうするかという視点がどんどん失われていった。

そのなかで東京圏での格差や不平等というのも可視化されるようになり、鉄道会社は自社の沿線の豊かさを強調し、それをさらに強化させるようにした。

「選ばれる沿線」というのは、鉄道グループ間それぞれの競争に勝つために、沿線そのものを鉄道事業者が発展させることを戦略として採用し、それにより多くの人を集め、企業の発展をめざすというものである。

日本社会全体として、格差や不平等があることを是認《ぜにん》するなか、鉄道グループも豊かさを求めるようになり、勝つか負けるかの戦いに挑《いど》まねばならなくなった。そのような状況下で、「選ばれる」というのは、企業グループの生き残りに必要なことである。沿線自治体も、自治体の価値が向上することをめざし、「選ばれる沿線」戦略に協力する。

「沿線格差」のなかで「選ばれる」ことを鉄道各社はめざし、経営戦略を練っているのだ。

「商業施設」から見えてくる各社の戦略とは

鉄道会社の企業グループとしての主たる収入源は、鉄道だけではない。ターミナル駅にある百貨店、沿線各駅近くにあるスーパーマーケット、駅内の売店や飲食店なども重要な収入源となっている。また鉄道会社によっては、多くのお店が集まったショッピングセンターをつくることも多い。

まずは百貨店である。関東圏の多くの私鉄が自前の百貨店を持っている。百貨店こそ持っていなくても、駅と一体となった施設を資本外の百貨店に貸している場合もある。

東急グループには**東急百貨店**がある。東急百貨店本店は老朽化による再開発のため建て替えとなり、東急百貨店東横店は駅周辺の大規模な整備と再開発のため閉店したものの、沿線ではたまプラーザの「たまプラーザテラス」内に「東急百貨店」としてある。

東急百貨店の本店や東横店の再開発の際には外商《がいしょう》（企業や個人顧客のもとに出向いて、物やサービスなどの商品を販売すること）は残し、渋谷ヒカリエ内に外商専用のサロンを設けている。百貨店で重要なのは店舗だけではなく外商でもあり、再開発工事中に外商の顧客を逃がさないように必死になっている。

同じく再開発工事中の鉄道系百貨店といえば、**小田急百貨店**の新宿本店である。店舗の一部は近隣の小田急ハルクに移り、営業を続けている。町田にも小田急百貨店がある。

京王百貨店の新宿本店も再開発のため近い将来工事が行なわれることが予想される。新宿西口周辺は、小田急・京王・JR東日本が一体となった再開発となる。なお、**京王百貨店**は聖蹟《せいせき》桜《さくら》ヶ《が》丘《おか》にもある。

ほかの私鉄を見てみよう。**京急百貨店**は上大岡にある。**東武百貨店**は池袋と船橋にあり、系列に東武宇都宮百貨店がある。東武鉄道の本拠地である浅草には松屋があり、東武鉄道の資本が入っている。

興味深いのが**京成**で、茨城県水戸市にのみある。以前は京成線沿線にもあったが、鉄道事業の不振により閉鎖・売却された。

建物だけを保有し、ほかの百貨店に貸しているのが**相鉄**である。借りているのが髙島屋だ。

さて、ここまで書いてきて触れていない鉄道がある。西武鉄道だ。西武池袋駅には、**西武百貨店**が確かにある。しかしこの西武百貨店は、もともとは西武グループが運営していたが、その後、セゾングループを経てセブン&アイホールディングスの傘下となった。

さらに、2023(令和5)年の9月1日付で、ヨドバシホールディングスをバックにしたフォートレスにより買収された。現在も営業は続けられているが、今後の百貨店事業はどうなるかわからない状況になっている。しかも買収前日の8月31日には、労働組合によるストライキも行なわれた。この労働組合は、西武グループから西武流通グループを独立させ、セゾングループを発展させた堤清二《つつみせいじ》の意向によりつくられたもので、西武・セゾンの複雑な歴史を感じさせるものである。

ややこしいことに、西武百貨店の不動産の一部は、西武鉄道もしくは西武ホールディングスが保有している。そのため、そごう・西武の売却の話が出たときには、西武ホールディングスによる救済の可能性も期待されたが、その期待に応える力はなかった。

西武グループは、鉄道事業と百貨店事業が切り離され、西武ホールディングスの商業施設はまた別につくられているのが現状である。

百貨店だけではなく、スーパーマーケット（以下、スーパー）にも私鉄は力を入れている。**「東急」「京王」**などの名前を冠したスーパーが、各私鉄にはある。

やはりここでも問題なのは**西武**である。西武鉄道の沿線に西友は多いものの、現在の西友ホールディングスは外資系であり、西武鉄道とは直接関係はない。

ほかの私鉄系スーパーが「八社会」というプライベートブランドのための企業をつくり、私鉄系スーパーに供給しているにもかかわらず、西友は独自のプライベートブランド「みなさまのお墨つき」を広く売り出している。これも、西友が鉄道系のスーパーではないからだ。

そのような経緯から、旧セゾングループにはパルコがあるものの、「ぺペ」や「グランエミオ」といった商業施設は西武グループ独自で新たにつくるしかなかった。

一方、**京王電鉄**では、「トリエ京王調布」「キラリナ京王吉祥寺」などの自社系列施設をどんどんつくり、百貨店事業に力を入れていた**東急**は、渋谷駅の再開発にあわせて「渋谷スクランブルスクエア」などを世に送り出している。鉄道駅とショッピングセンターをリンクさせることについては、東急や京王のほうが上手《うわて》といえるのだ。

鉄道と商業施設の一体的なビジネスを進めることは、よりよき沿線を住民に提供するために必要なことであり、「選ばれる沿線」となるのに必須のことである。

飲食についても見てみよう。関東圏私鉄では駅構内の飲食店は系列の会社が運営している。どこも複数の事業を行なっており、場合によっては一般的な飲食店とフランチャイズ契約をしていることがある。多いのは駅そばであるが、**京王**のように、カレーに注力したり、パンのチェーン店を持つ鉄道もある。

気がかりなのは駅の売店だ。最近では、駅構内の売店がみな大手コンビニエンスストアになり、自社系列の自前売店がなくなっている。商業施設にはどこも力を入れているものの、売店などは縮小気味で、試行錯誤しているのが現状である。

「不動産開発」から見えてくる各社の戦略とは

関東・関西に限らず、私鉄でよくあるビジネスモデルは、鉄道事業とあわせて沿線の宅地開発を行なうというものだ。このスタイルを確立したのは阪急電鉄の創業者・小林一三《こばやしいちぞう》であり、関東に持ちこんだのは**東急グループ**の実質的な創業者・五島慶太《ごとうけいた》であることはすでに述べた。

そもそも東急グループの起源となる「田園都市株式会社」は、郊外宅地開発を主たる事業とするもので、そこに住む人の通勤のために鉄道がつくられたのだ。東急より先に開業した私鉄も、多かれ少なかれ昔から宅地開発を行なっている。

そのなかで**西武グループ**は、土地開発を行なうための「箱根土地株式会社」に起源を持ったため、鉄道よりも土地開発への野望が強かった会社である。

鉄道会社やそのグループ会社がデベロッパーとなり、さらにその系列会社が販売をする、というのはよくあるパターンだ。たとえば東急なら**東急不動産**があり、土地建物仲介の**東急リバブル**がある。京王ならば、**京王不動産**が土地建物の仲介などを行なっている。みずから不動産開発を行なう場合もあれば、公的機関による団地などの開発に協力する場合もある。

ただ、近年では団地の大規模開発は行なわれず、むしろ駅に近い場所に民間資本によるマンション開発が実施されることが多くなっている。駅の構内や列車の中吊《なかづ》りには沿線に建てられる高層マンションの広告が出され、よく見ると鉄道会社も一枚噛《か》んでいることがある。

また最近は、郊外の比較的大きな駅、私鉄でいえば特急や急行などの優等列車が停車する駅の近くに、利便性をアピールする高層マンションが建てられることがよく見られる。

東京エリアではタワーマンションのバブル状態が年々過熱しており、戸建てよりもマンションという意識が高まり、その勢いは郊外にも広がっている。戸建てかマンションのどちらがいいのか、というのはよく論争になるものの、どちらにも対応しているのが私鉄関連の不動産事業者なのだ。

よりよい不動産を提供することで、沿線価値を高め、多くの人に暮らしてもらう、そして鉄道を利用してもらうというのは、大手私鉄の基本戦略である。

近年では交通の利便性の高い駅近くのマンションの人気が沸騰しており、それにあわせてマンションデベロッパーがマンションの開発を行なっている。そして、大規模な駅近くのマンション開発を行なう際には、低層階には商業施設を入れるのが定石《じょうせき》となっている。どんな商業施設がいいかというと、生活関連のビジネスだ。スーパーマーケットなどはその典型で、私鉄系のスーパーが入ることもある。

もちろん、こんなにも図式的なタワーマンション開発はそうはないものの、大規模な駅近マンション開発では似たようなパターンは多い。

大手私鉄が行なった大規模な宅地開発のなかでもっとも知られたものは、**東急**の多摩田園都市だろう。そのほかの私鉄も、宅地開発には熱心だった。とくに**小田急・京王・西武**は、その傾向が強い。沿線にどんどん宅地を開発し、分譲していき、それを見た地元の人たちも、土地を売買して農地などを住宅地に変えていった。私鉄沿線では、さまざまな不動産会社が宅地を開発するようになり、団地などの公的な住宅も増えていった。鉄道と住宅開発は、相互補完的な関係にある。

都心部に目を向けると、鉄道各社はオフィス開発に力を入れている。都心部の大規模オフィスビルにも、鉄道会社系列のデベロッパーが開発したものが多い。

とくに渋谷では、近年は**東急**関連のオフィスを中心とした複合施設が続けざまに建っている。そこに先進的な企業が多く入り、渋谷のイメージがうなぎ上りになっている状況だ。

また、ポスト・コロナを見据《みす》えて高まるオフィス需要に対し、鉄道各社は、ターミナル駅以外のオフィス用不動産も積極的に開発し、郊外と都心を行き来して生活するというモデルをより活性化させようとしている。

住生活と職業生活は、人間にとって重要なものである。とくに東京圏では、住宅地と職場が離れていることもあり、その行き来に鉄道を使用しなければならないことがほとんどだ。職住近接が望ましいとする企業も一部にはあるものの、都心部の家賃や不動産価格は非常に高く、一般の労働者では暮らすことは不可能である。よほど高い給与か、しっかりした住宅手当がないと難しいものだ。

都心から離れた場所にある手頃な住宅地には需要があり、そこを鉄道会社が開発し、それにつられたさまざまなデベロッパーがマンションや一戸建てを分譲することで鉄道沿線は大きく発展していく。都心は都心で不動産開発をし、そこに職場を用意する。

不動産開発を充実させることで、鉄道会社はこれまで事業を発展させてきたが、今後もその流れは続くだろう。

「クレジットカード」から見えてくる各社の戦略とは

キャッシュレス社会のいまでは、多くの人がクレジットカードや交通系ICカードを持つようになっている。

そして、クレジットカードや電子マネーなどを中心に、「囲い込み」の経済圏をつくり、自系列のところでは共通のポイントが貯《た》めることができたり、よりよいサービスが受けられたり、ということはさまざまな企業が行なっていることである。

近年では楽天グループが「楽天カード」と「楽天ポイント」を中心に、「楽天経済圏」をつくりあげた。楽天系列のお店やサービスを利用すればするほどお得になるしくみだ。また、NTTドコモを中心に「dポイント」もあり、携帯電話のサービスを中心にポイントが貯まるようになっている。

鉄道で、クレジットカードとポイントについての戦略が上手なのはJR東日本である。自社関連では「JRE POINT」がつくようにし、一部市中のお店でもポイントが付与される。

関東圏の私鉄は、何度も記すように鉄道を中心にその沿線で生活関連諸産業を展開するというのがビジネスモデルとなっている。当然ながら、グループに対するロイヤリティを持ってほしい、というのが各社の願いである。

しかし、「現金時代」には鉄道会社系列のサービスを共通して便利に利用するためのものはなかった。鉄道会社が銀行を持っていたということはなく、むしろ六大企業集団（三井、三菱、住友、芙蓉《ふよう》、三和、第一勧銀）のどこかに入っていたケースが多く、企業集団内での分業を担《にな》っている状態だった。

そして、鉄道のきっぷ、とくに定期券を買うにも現金を使用し、百貨店やスーパーでも現金払い、レジャー施設でも現金払いであり、住宅ローンは鉄道会社の傘下にはない銀行などを使用していた。

そこで私鉄各社は、クレジットカードに目をつけた。定期券の支払いや、商業施設での買い物、その他沿線で使用できるようなカードを発行するための子会社をつくった。さらには既存のクレジットカード会社と提携し、カードを発行するようになった。

たとえば**京王電鉄**ならば、「京王パスポートカード」で定期券を買ってお得、百貨店やスーパーでお得、交通系ICカードにチャージもよし、そして共通のポイントが貯まるというしくみになっている。この場合、京王電鉄が「京王パスポートクラブ」という子会社をつくり、国際ブランドを含めた大手クレジットカード会社のシステムを使用し、京王グループ共通で便利に、お得に使えるサービスを提供するようにしている。

また、PASMO一体型カードや、既存PASMOへのオートチャージ、近年では「モバイルPASMO」へのチャージなど、首都圏の私鉄などで使用されているPASMOを使用することで電子マネーにも対応し、キャッシュレス社会の推進にも一役買っている。

もちろん、沿線の各施設ではPASMOを使用できるようにし、「京王パスポートカード」の使用とリンクさせることでサービスとしての一体感を出そうとしている。自社系クレジットカードとPASMOを利用して、グループ一体となったサービスの利便性を高め、ひいては沿線への定着を図ろうとしているわけだ。

もちろん、宿泊をともなう外出の際には、暮らしている沿線の鉄道会社名を冠したホテルに泊まる。**「京王」「東急」「相鉄」**などを冠したホテルは沿線外にも多くあり、そこを利用することでポイントが貯めやすくなるということもある。

ただ、関東圏内の大手私鉄で唯一、クレジットカードによる囲い込みができないところがある。**西武鉄道**だ。

西武鉄道には、「SEIBU PRINCE CLUBカードセゾン」というセゾンカードをもとにしたカードがある。カードを発行するクレディセゾンは、ルーツこそ西武鉄道にあるが、いまや無関係の会社である。

このカードは西武鉄道関連のサービスで独自のポイントが貯まるものの、そのほかのサービスを使用してもセゾンカードの「永久不滅ポイント」が貯まるだけだ。また、西武鉄道の商業施設ではお得になるが、沿線に多くある西友では一般のクレジットカードと同じ扱いを受ける。

しかも西友では、お店でお得になるカードは、以前は「ウォルマートカードセゾン」だったが、いまでは「楽天カード」になっている。一時期、楽天グループが西友ホールディングスの株主だったからだ。クレディセゾンにとって「ウォルマートカードセゾン」の利用者は優良顧客だったためか、多くの顧客が年会費無料のゴールドカードに切り替えられた。その際の国際ブランドは「ウォルマートカードセゾン」に引き続き、ＡＭＥＸである。

クレディセゾンは現在、西武ホールディングスや旧セゾングループ以外のカードも手がけている。高島屋のカードや、ＪＲ九州のカードというのもある。西武鉄道のカードがセゾンカードなのは、遠い親戚を頼っているというところがあるのだろう。

関東私鉄のビジネスモデルにとって、クレジットカードは欠かせないものであり、利用者のロイヤリティを高めるために今後いっそう重視されるものになっていくと予想される。そのなかで西武ホールディングスはどうするのか、というのが難しい課題だ。

どの沿線も「選ばれる沿線」になるには、クレジットカードとポイントの戦略が欠かせない。カードビジネスの戦略というのは、企業にとっても沿線住民にとっても今後重要なことになるだろう。

小田急と京急が「子育て世代への応援」に注力する理由

鉄道各社は、沿線住民に長くその沿線に暮らしてほしいと考えている。そのため、子どもを大切にしようという考えが近年出てきた。少子化のなかで、将来世代にも「選ばれる」ためにはどうしたらいいのかということを、真剣に考えるようになってきている。

小田急電鉄が、２０２２（令和４）年３月に「小児ＩＣ運賃一律50円」としたことは多くの人に衝撃を与えた。交通系ＩＣカードでの小児運賃を、どの区間に乗ろうと一律50円にしたのだ。これは、将来を担う子どもたちや子育て世代を応援するためだという。あわせて、小児用の通学定期券やフリーパスの料金も安くすることになった。

小田急電鉄は、２０２１（令和３）年11月に「子育て応援ポリシー」を掲げ、子育てしやすい沿線環境を実現しようとしている。子どもの運賃を一律50円にしたのは、思い切った方針である。新宿からロマンスカーに乗っても、特急料金さえ支払えば運賃は50円で済むのだ。

これにならう鉄道会社も現れた。**京急電鉄**は２０２３（令和５）年10月から、小児ＩＣ運賃を一律75円とした。なお、空港線の羽田空港内の２駅発着では加算運賃が別途必要となる。

京急電鉄によると、少子高齢化が進むなか、沿線が発展していくためには、子育てがしやすい多世代共生のまちづくりが必要だとする考えからだという。同時期に行なった運賃改定にともなう子育て世代の家計負担を低減し、鉄道でのお出かけを増やしたいという狙いだ。京急は同時期に41キロメートル以上乗車の運賃を低減しているため、都内から横須賀・三浦方面に出かける際の交通費が安くなる。小田急も京急も、「直球ど真ん中」の施策だ。

一方で、沿線の環境を整えることで、選ばれることをめざす鉄道もある。

京王電鉄では、多摩動物公園エリアで親子連れに楽しんでもらおうと、子ども向けの施設「京王あそびの森 HUGHUG」を設けた。屋内遊具などがある施設で、安全な場所で子どもたちが元気いっぱい動きまわれるようにしている。

そのほかにも、京王では沿線にある遊園地「よみうりランド」への誘客に力を入れ、京王沿線に住むと楽しいというイメージを与えている。

また、保育園などの施設を設ける鉄道会社もある。**京急グループ**、**東急グループ**、**京王グループ**、**西武グループ**は保育園の運営にかかわっている。**小田急グループ**も学童保育の事業を行なっている。これらの保育園は、駅の近くにあることをアピールポイントとし、通勤時に子どもを預けやすいというメリットがある。

さらには、駅などの再開発の際に、親子連れが利用しやすい場所をつくることにも力を入れている。たとえば京王電鉄の調布駅再開発では、単に店舗が入る建築物をつくるだけではなく、人が集まれるような広場も設計した。調布駅の「トリエ京王調布」には映画館があり、多くの親子連れでにぎわっている。

沿線の少子化を食い止めるため、鉄道会社はさまざまな方面からアプローチをしている。子どもが乗りやすいような運賃の体系をつくり、子どもが遊びやすい施設を運営し、保育園の運営にも乗り出す。鉄道沿線のまちづくりも、ファミリー層に適合した街をつくる。商業施設の充実など、親世代の利便性も確保している。もちろん、不動産開発はファミリー層向けのものを中心としている。単身者が暮らす投資用ワンルームマンションなんてものは、つくらない。

そもそも、渋沢栄一《しぶさわえいいち》が「田園都市株式会社」をつくり、宅地開発を始めたときから郊外で家族で暮らす、というのをモデルとしていた。五島慶太が沿線ビジネスモデルを確立し、多くの私鉄がそれをまねるようになり、ファミリー層を鉄道会社のさまざまな事業がターゲットとしてきた。

その流れのなかに、現在の子育て世代への鉄道会社の対応がある。保育園については、自社運営ではなくても、土地や建物を貸していたり、あるいはもともと運営していたが売却した、という事例もある。それでも、「沿線」というところから絶対に離れようとはしない。

少子化のなかで、子どもが多くいるというのはそれだけで可能性を秘めた沿線になる。鉄道各社は子育てファミリー層に訴求するサービスを提供することで、より沿線に定着することを企業戦略としている。

子育て世代にどれだけ豊かなサービスを提供できるかは、「選ばれる沿線」という観点から重要であり、日本全体で人口が減るなかで、自社の沿線の人口をいかに減らさないかに、鉄道会社の将来がかかっている。

とくに**小田急**は、お隣の東急沿線が裕福なファミリー層に人気がある路線であり、そこへの流出を避けたいという狙いもある。一方で、小田急沿線の生活環境や教育環境のよさから、定着率をさらに高めたいという考えもある。

京急沿線では、自社への「愛線心」を子どもの頃からはぐくんでもらうだけではなく、沿線でレジャーを楽しんでほしいという意向もあるだろう。

子育て世代に多角的な対応をすることで、より鉄道会社は「選ばれる」ことをめざしていくのである。

沿線住民の「愛線心をはぐくむ」ための取り組みとは

鉄道会社が沿線への愛情を訴え、沿線自治体は地域への愛着を求める。地域に定着してもらうという意味では、鉄道会社と沿線自治体の利害は一致している。人口減少社会のなかで、地域に生まれ育った人間には、出ていってほしくないということを考えるようになるのは、当然のことだ。

現在の東京圏在住者は、東京圏に生まれ育った人が多く、東京圏のなかで人口を再生産するという状況になっている。少子化ゆえに、2人の親から1人の子どももしかつくらないケースは多いものの、それでも地域から離れないでほしいという考えは鉄道会社にも自治体にもある。

そこで鉄道会社は、沿線への愛情、すなわち「愛線心」を涵養《かんよう》するためのさまざまな策を練っている。わかりやすいのは、前項でも取り上げた「子どもの格安均一運賃」である。子どもの頃から鉄道に親しんでもらい、長年の利用者となってもらうことをめざしている。

また、私鉄各社の多くは、自社関連のものを展示する博物館などを設けている。前章で述べた「京急ミュージアム」のほかにも、京王電鉄なら「京王れーるランド」、小田急電鉄なら「ロマンスカーミュージアム」、東急電鉄なら「電車とバスの博物館」といったように、子どもたちにも楽しんでもらえるような施設をつくり、鉄道に親しんでもらおうとしている。

同じ狙いで、車両基地の公開や、新車の一般公開もよく開催されている。コロナ禍前には、多くの鉄道会社で無料の車両基地公開を行ない、多くの参加者が集まっていた。また、新車の公開でも同様だ。車両によっては、抽選での一般向け試乗会も開催していた。

コロナ禍後は、予約が必要な有料での一般公開や試乗会が増えている傾向となっている。予約なしで無料公開すると、多くの人が殺到してしまうからだ。

多くの人は、なんだかんだいって鉄道が好きである。その「好き」という気持ちを、鉄道会社と地域への愛情に転化させ、長期的に住んでもらい、鉄道を利用してもらうというのが、「愛線心の涵養」という企業戦略である。いくら囲い込みのビジネスモデルを徹底させても、このあたりがしっかりしていないと、ほかの沿線や地域に流出してしまうことになる。

たとえば**東急電鉄**沿線の住民は、ほかの沿線住民に比べて「愛線心」が高いといわれている。この沿線がブランド力の高い沿線であり、鉄道と関連事業のサービスもよく、住民も比較的上位の社会階層であることに誇りを持っていることが背景にあると考えられる。

そのような沿線住民の「愛線心」を、東急グループも理解している。そのため、駅施設の質を高くし、駅周辺の商業施設の向上を怠《おこた》らないだけではなく、東急沿線での住み替え需要にも応えようと不動産の再開発にも力を入れている。

住民の沿線愛に訴えかけようとするのは他の私鉄も同じだ。近年、駅施設の清潔さが向上しているのにはこのあたりの事情もある。

一方で、鉄道そのものの魅力を高めて「愛線心」を高めようとする会社もある。有料特急を走らせている**小田急電鉄**や**西武鉄道**、**東武鉄道**、**京成電鉄**はその傾向があるといえる。

小田急電鉄は「ロマンスカー」をフラッグシップ・トレインとし、多くの沿線住民があこがれるイメージを与え続けている。西武は「Laview」の魅力をアピールするのに力を入れている。東武は日光観光特急「スペーシアX」が注目を集めている。京成は成田空港アクセス特急「スカイライナー」で、私鉄特急最速の最高時速160キロが売りとなっている。

これらの列車は、実際に乗ってもらうだけではなく、沿線の住民に見てもらうための列車でもある。それらの列車へのあこがれが沿線住民の定着と鉄道利用に結びつくという考えである。

また、有料特急ではないが、**京急電鉄**は車両と走りの魅力を前面に押し出し、利用者たちにアピールするという考えを持っている。

これらの「愛線心」戦略のターゲットは、子どもたちだ。鉄道会社は子どもたちが喜びそうな企画を立てるのに熱心だ。

京成電鉄では、泊まりがけで運転士の訓練を子どもたちに体験させるという有料イベントを開催したことがある。参加費は2名1組で10万円と高額だった。宗吾《そうご》車両基地近くの京成電鉄研修所で座学と運転シミュレーターを使用した訓練体験を実施するという内容だ。筆者はその訓練体験風景を取材したことがあるが、子どもたちの運転は上手なものだった。**小田急電鉄**でもダイヤ作成講座などを開催している。

また、大人にも継続的な「愛線心」を持ってもらおうということを考えている。具体的には、株主優待だ。

私鉄各社の株主優待は、ほかの企業に比べて自社に関係するものが多い。株主優待での乗車券や、持ち株数によっては年間無料で全線に乗車できる優待乗車証も発行される。長期保有株主への優待もある。また、百貨店やスーパーなど商業施設の割引券や、ホテルなどの優待券もある。これらの優待は、沿線に暮らし、鉄道とその関連施設を使用していないと、何の意味もないものである。

したがって、私鉄の株主には沿線住民が多いということになる。鉄道株、なかでも私鉄株にほかの業界に比べて個人株主が多いのも、こういった優待が背景にあるからだと考えていい。そして長期保有するからには、その私鉄に対して深い愛情を抱いているというのも、十分にあり得ることである。

あらゆる沿線の住民に対して「愛線心」をはぐくむための取り組みを関東の私鉄各社は続けている。それが「選ばれる沿線」であり続けるためには必要なことである。

鉄道事業も「差別化」でサービス向上を図る

ここまで、関東圏の鉄道各社が「選ばれる沿線」になるためにいろいろと努力していることを示した。一方で、鉄道事業自体も「選ばれる」ようにならないと、その沿線に住もうという気持ちにならないものである。

目に見える差別化について示してみよう。わかりやすいのが、有料特急の運転である。その筆頭が**小田急**の「ロマンスカー」である。**西武**では「Laview」「ニューレッドアロー」、**東武**の「スペーシアX」「リバティ」など、**京成**の「スカイライナー」もまたそうだ。

デザインに優《すぐ》れた有料特急という旗印《はたじるし》を立てることで、自社のイメージを向上させ、多くの人の注目を集める。みんなにあこがれてもらえるような列車、沿線の人が自慢できるような列車を走らせることが、沿線住民の「愛線心」の高揚《こうよう》につながる。

一方でこれらの列車は、定期券に加えて特急料金を支払うことで乗車することができ、快適な着席サービスも提供している。京成の「スカイライナー」は空港アクセス列車であるものの、朝に「モーニングライナー」、夕方や夜に「イブニングライナー」を走らせ、「スカイライナー」と同じ車両を使用している。

これに比べるとふだん使いの通勤列車の速達性を高めることは地味かもしれないが、重要なことである。複々線化により、朝ラッシュ時にも上位の種別を走らせることができ、緩急分離によって上位種別の列車は各駅停車よりも確実に早く都心に着くことができる。

わかりやすいのが**小田急**である。計画を立ててから約50年、着工してから約30年を経て、2019（平成31）年3月に代々木上原～登戸《のぼりと》間の複々線が開業した。この複々線化により、朝ラッシュ時にさらに多くの人を運ぶことができるようになった。以前は高かった混雑率の緩和にもおおいに役立った。また、朝ラッシュ時に列車が多く走ることによる到達時間の増加という状況も改善された。

代々木上原は東京メトロ千代田線と接続する駅であり、多くの列車が小田急から千代田線に乗り入れている。新宿へ、あるいは都心へ向かう人の両方が複線の列車に乗っているということは、それだけ車内が混雑するということであり、その状況が改善されるというのは大きい。

複々線でサービスを向上させた私鉄はほかにもある。**東武**だ。東武は北千住から北越谷までの私鉄最長の複々線区間を有している。緩行線には、東京メトロ日比谷線直通の列車が走る。日比谷線直通の列車は「THライナー」を除き各駅停車として運行されている。

急行線は、浅草からの特急や、東京メトロ半蔵門線からの速達型種別、一部の浅草発速達型種別の列車が走っている。なお、このあたりの列車をフォローするために浅草～北千住の普通列車というものがある。このため、複々線区間が始まる北千住駅は、何層ものホーム階がある複雑な構造となっている。

東武はかつて混雑が激しく、列車本数を増やしてもさばくことができず、朝ラッシュ時のホームはつねに人であふれていたが、複々線化や東京メトロ半蔵門線との相互乗り入れにより解決された。複々線化事業は、もちろん行政による協力が必要だが、これらのサービスは通勤電車をよりよく利用してもらうためには鉄道会社にとって必要不可欠なものである。

このほかにも、短区間の複々線化が見られる私鉄もある。**東急東横線・目黒線**の田園調布〜日吉間、**東急田園都市線・大井町線**の二子玉川〜溝の口間、**京王電鉄**の新宿〜笹塚間、**西武池袋線**の練馬〜石神井公園《しやくじいこうえん》間、**東武東上線**の和光市〜志木《しき》間、**京成本線**の青砥《あおと》〜京成高砂《たかさご》間である。都営新宿線の延長のような**京王電鉄**を除き、利便性の向上や混雑の緩和、列車ダイヤの過密化抑制などのためにつくられ、乗客がより便利に鉄道を利用できるようにするためのものだ。

近年注目されているのが、通勤電車と兼用できる有料座席指定列車である。このタイプの列車は、ロングシートとクロスシートを切り替えられるようになっている座席を搭載している。**東武**が**東武東上線**にて「TJライナー」で先鞭《せんべん》をつけ、その後**西武**の「S－TRAIN」（平日に東京メトロ有楽町線直通）、**京王**の「京王ライナー」、東京メトロ日比谷線から**東武スカイツリーライン**に直通する「THライナー」といった列車が続々と登場している。

一方、**東急電鉄**では、**大井町線**で「Q SEAT」を登場させ、7両編成中1両を座席指定車両とした。大井町を出発したこの列車は**東急田園都市線**の長津田《ながつた》まで乗り入れ、田園都市線で着席して帰宅したいという人の需要に応えている。なお、列車種別は「急行」としている。

このサービスの成功を見て、東急電鉄は**東横線**でも「Q SEAT」を導入、10両中2両を座席指定にし、急行の一部でサービスを開始した。渋谷を出たこの列車は横浜を経て、みなとみらい線の元町《もとまち》・中華街まで乗り入れる。

有料特急を走らせることができない程度の運行距離でも、着席がサービスになることがわかり、各社では座席指定車両の導入が進んでいる。ちなみに、元から進行方向向きの座席車を有する**京急**では、この２１００形を使用した全席指定列車や一部座席指定列車を走らせている。

もちろん、既存の私鉄有料特急も、停車駅を増やして短距離の利用者増を狙っている。**小田急**はとくにその傾向が強い。ネットでの予約サービスの充実もあわせ、「座れる」ということで鉄道事業の差別化をはかる傾向が近年強まっている。

有料特急では快適な空間を、それが無理でも着席保証を提供している。そのうえラッシュ時の混雑緩和や列車本数確保、速達性確保のために複々線化も実施し、鉄道事業自体の強化も着々と進めている。

「選ばれる沿線」競争については、「沿線格差」が取りざたされる現在、よりよい沿線を提供していかなければ競争に負けるという状況にある。関東圏の私鉄は、自社が「選ばれる」ようになり、末永く暮らしてもらうようにするという考えで鉄道ビジネスを展開している。

どの沿線も「沿線格差」という視点で比較されるなか、よりよい沿線、もっと露骨にいえば社会階層的に上位の沿線をめざし、「安かろう悪かろう」なんて考えはけっして採用せず、ブランド力の強化に力を入れている。その状況のなかで、各社はいろいろと工夫しているのだ。

8

沿線と格差社会の現在地

東急・東武・小田急・京王・西武・京急・京成・相鉄

東京圏の「沿線格差」は広がり続けている

ここまで見てきたように、東京圏は皇居を中心に、官庁街やオフィス街があり、その外側に住宅街がある、という形態ではない。確かに東京の中心部というのはあるが、中心部でもターミナルごとに多極化しており、そこにターミナルを構える私鉄も、多様な路線となっている。「均一に、同心円状に都市圏が広がっている」というわけではないのだ。

都市社会学ではアーネスト・バージェスの同心円地帯理論のほかに、ホーマー・ホイトのセクター理論、チョンシー・ハリスとエドワード・ウルマンの多核心理論が、都市空間のモデルとして提示されている。現実の東京都市圏は、これらの諸理論を組み合わせて考えることが可能だ。

ホイトのセクター理論は、中心点から等距離にあっても、方向によっては地域の性格が違うことを示している。特定のタイプの地域が一定の方向に向かって外延《がいえん》部へと移動していると指摘しているのだ。その一例として、鉄道の沿線を挙げる。このような沿線は、東急電鉄の沿線、とくに**東急田園都市線**に当てはまると考えていい。

ハリスとウルマンの多核心理論は、都市の土地利用は複数の核の周囲に広がるということを示している。これは、主要私鉄のターミナル駅を表すのにふさわしい理論ではないかと筆者は考える。

まず東京圏は、中心から郊外へと広がるように見えるものの、その広がり方は一様ではない。沿線ごとに特性があり、工業地帯や住宅地帯それぞれで違いがある。また、各私鉄のターミナルがそれぞれの地域の核となっているケースはよく見られる。

山手線内に住宅街がある一方、その外側に商業エリアがあったり、あるいは工業エリアがあったりする。さらに、その外側に住宅が多くあるエリアもある。

工業といっても、さまざまである。町工場のような小規模なものから、京浜工業地帯の巨大な工場まで、地域によりどんな工業が存在するか違いがある。小規模であるならば、住宅街と共存していることが多い。

これらの違いが、沿線によって多様であり、東京圏が均一でないことを示している。

この項目で挙げた都市社会学の3つのモデルでは、中心の業務地区や商工業者のいる地区のほかに、下層階級・中産階級・上層階級それぞれの住宅地があり、モデルによっては郊外の通勤者向けの住宅地がある。そして、階級・階層ごとに、どこに住むかが分けられているという特徴がある。

そして意外なことに、図式的に考えると、貧しい人たちは中心部に住む傾向があり、豊かな人たちは郊外に住む傾向がある。

わかりやすいのが田園調布だ。**東急東横線**沿線のこの地域は、もともとは豊かで学のある層向けの住宅地として開発された。いまでは都心部からの距離も近いように思えるが、当時は都心から遠く離れていた。

一方で、**東武**や**京成**の東京都内エリアは、木造住宅が密集し、中小の商工業者と昔からの住民がいるというエリアだ。とくに東武の北千住より南側はそういった要素が強い。「沿線」という概念のない都心近くのエリアには、商工業地域と密接に絡み合った住宅地があり、古くからの人が暮らしている。

こういったエリアは、地価や固定資産税は高く、その対策のためにマンションやアパートなどが多く建てられるようになる。そこに若い独身者などが暮らし、職場との行き来が中心の生活を送るようになる。

仕事にあくせく追われ、残業も多いが給料は少なく、家では寝るだけ、という人物像が見てとれるだろう。しかも、その住まいが利回り第一の投資用物件であるならば、もはや「さまざまなところから搾取《さくしゅ》されている」と考えるようになってもおかしくはない。

このような人たちが暮らしている地域が、都心の近くにある。よくパワーカップル（高収入を得ている共働き夫婦）が都心近くのタワーマンションに暮らしているという話があるが、もし、その住宅ローンの返済にあくせくしているのであれば、本質的には投資用物件に住む若い独身者と変わりはない。また、企業の経営者などが港区のタワーマンションに暮らしているという反論もあるものの、これこそ仕事上の必要性に迫《せま》られて暮らしていると考えたほうが妥当だ。

都心部やその近くではなく、都心から離れた住宅地でゆったりとした暮らしを送るほうが、実質的には豊かではないかと筆者は強く思っている。

働く場所、暮らす場所。豊かさ、貧しさ。そこに地域の特性が加わり、東京圏の多様性というものが見てとれる。しかし、そこでは格差と不平等が顕在《けんざい》化し、覆い隠せないようになっているのは、もはや誰しもが感じていることだろう。

その最たるものが「沿線」だ。沿線ごとに人々の働き方や暮らし方が変わり、生活水準にも違いがあり、文化的諸活動にも違いがある。

その違いを「多様性」と見るか、「分断」と見るか。これは、あなたの価値判断にゆだねるしかない。しかし、均一性・平等性というものはまったくなく、東京圏は格差と不平等がそこかしこで見られるようになっていることは確かだ。それが「沿線格差」として表れるのは、多くの人が理解しあえる論点として共有することが可能だからだろう。

それは、私鉄各社の企業戦略とも関係している。「沿線格差」はこれからもますます広がるばかりなのだ。

「沿線」は住民にとってどのような存在か？

「何が価値観を決めるか」は難しい。生まれ育った環境が価値観を決めるという人もいれば、遺伝で価値観が決まると考える人もいる。「存在が意識を規定する」というのはカール・マルクスの考えであり、経済的な状況が社会的なこと、あるいは政治的なことを決定するということはよく知られた話である。

もちろん、この考えでは世の中のたいていのことは説明できるが、万能ではないというのもまた、一般によく知られているところである。

では、沿線とは住民にとってどのような存在なのだろうか？

地域があってそこに鉄道が敷かれたケースと、鉄道が敷かれてそこに地域ができたケース、東京圏には2通りの地域形成パターンがある。しかしそのどちらでも、現在は「沿線」というものが地域をつくる軸となっている状況がある。

「沿線」でもっとも特徴的なのは、ＪＲ東日本の中央線沿線である。ほかの地域よりも経済的には豊かで、高円寺や阿佐ケ谷といったエリアでは「貧乏」を称していても生活文化自体はけっして貧しくはないという人たちが多くおり、『朝日新聞』の読者が多く、日本のほかの地域に比べて市民運動やリベラル・左派系政党への投票行動が盛んである。

中央線ほどわかりやすい特性を示すことはなくても、各沿線それぞれの特徴があり、その特徴が沿線住民の価値観に大きく影響を与えていることは、十分に考えられることである。

たとえば教育だ。近年の東京圏での教育にかんする話題では、中学受験のことが多い。しかし、どの沿線に私立や国立、あるいは公立の中高一貫校が多いかということを考えると、じつは特定の地域に限られた話であるといえる。さらにいえば、東京圏の大学進学率は全国平均よりも高い一方、高卒で社会に出る人もまた多い。

このあたり、個人の価値観の問題であるといえばそれまでだ。だが単に「個人の価値観」と割り切っていいものなのだろうか。

経済的に豊かな層が多い沿線と、そうでもない沿線がある。大卒層の多い沿線もあれば、そうではない沿線もある。沿線にSAPIXが多くある場合もあれば、中学受験塾が多くない沿線もある。政治的に左派・リベラル派の議員が当選し、地方議会で活躍できる地域もあれば、そうでもない地域ももちろんある。部数トップの『読売新聞』よりも、『朝日新聞』が読まれる沿線もあるのだ。

沿線の経済状況はどうか、そこにはどんな人たちが暮らしているかということは、個人の価値観や行動にも影響を与えると筆者は考える。人はみな、価値観が同じか、ある程度近い人たちとともに暮らしたがる。それが「沿線格差」に結びつくことになっていく。

そこで出る疑問は、「個人の意識だけで、これほど『沿線の違い』というものができるものなのだろうか」ということだ。もちろん、鉄道会社は「沿線」をプロデュースすることに熱心だ。しかし、鉄道会社が提示する「沿線」の価値観を、住民が内面化し、沿線全体で共有することになっているとは考えられないだろうか。

しかも、鉄道会社は、どんな人が自社沿線にふさわしいかそれとなく示していて、そこに自社の考える住民像にふさわしい人を住まわせるようにして、沿線意識をつくり出そうとしていると見ることも否《いな》めないはずである。

ここまで考えていくと、何が人々の価値観を定めるのか、ということは環境の要因も大きいと見ていいだろう。そのなかで「沿線」というものが地域住民の価値観に大きく影響しているという考えは妥当性のあるものではないだろうか。

「沿線」というものが、単に鉄道路線を示したものだけではないことは、ここまで本書を読まれた方は承知しているかと考える。地域があり、そこに人々がいて、経済生活を送り、消費活動や文化的活動を行なう。その営みすべてが、「沿線文化」といっていい。

とくに、そこに暮らす人たちがどう収入を得ているかや、どんなところで暮らしているか、どんな最終学歴となっているかは、その「沿線文化」の基礎となるものである。

地理的にどんな場所であるかも重要だ。地盤が固いかどうか、ある程度標高が高いかどうかも、「沿線」の価値を決めるものである。

個人の価値観は、個人だけで簡単に決められるものではなく、個人の能力も自力のみで獲得できるものではない。個々人の「能力」はその人が置かれた環境により花開き、現実には花開かなかった能力、さらにはつぶされてしまった能力というのも多々ある。同様に、ある沿線で高く評価される価値観や能力があれば、そうではない価値観や能力もある。

個人の価値観や能力を決める環境的要因のなかで、「沿線」というのは非常に大きなものである。もっといってしまえば、「沿線が個人を規定する」と考えることもできる。沿線という大括《おおくく》りの枠組みが可能である以上、個人の形成における沿線の役割は、けっして小さくないのである。

山の手と下町、ライフスタイルや文化の違いとは

東京23区では「下町」と呼ばれるエリアと、「山の手」と呼ばれるエリアはくっきり分かれている。おおまかにいうと、東側が下町、西側が山の手だ。その先に鉄道各線の沿線が広がっていく。

山の手エリアでは、所得や学歴が比較的高い人が多く住んでいる。一方、下町エリアでは山の手エリアと比較すると、所得や学歴が高い人の割合は低くなる。

山の手エリアは、土地の標高が比較的高い一方で、下町エリアは海面とほとんど変わらず、堤防などで地域を守ろうとしている。

山手線内を都心として考えても、その外側にも東京23区は広がっており、そのあたりは「住む都会」とみなすこともできる。もともとの山の手エリアから出発する私鉄は山の手の雰囲気を漂《ただよ》わせ、下町エリアから出発する私鉄は下町の雰囲気を漂わせる。「沿線」は東京23区の延長なのだ。

都市圏内の格差は、従来は23区内での比較という視点で考えられてきたが、そこから延びていく「沿線」も、考慮の対象にしたほうがいいのでは？　と考えることもできる。

山の手エリアからの私鉄といえるのは**東急電鉄**、**小田急電鉄**、**京王電鉄**、**西武鉄道**である。一方、下町エリアからの私鉄というのは、東上線以外の**東武鉄道**、**京成電鉄**、**京急電鉄**だ。そう区分するだけで、23区内の「沿線格差」が、郊外へと広がっていくことをイメージできるといえる。なお、**相模鉄道**は23区内を走っていないが、**東急電鉄**と新横浜で接続している。沿線の性質は山の手に近いと考えられる。

とくに山の手エリアの沿線は、23区を出て多摩地域や神奈川県に入っても、山の手の高級感を保ち続けている。とくに**東急東横線**や**東急田園都市線**の高級住宅街の充実ぶりはそのことを示すよい材料である。

山の手には山の手の生活文化があり、下町には下町の生活文化がある。もちろんその違いは、沿線ごとにさらに特徴的なものとなっている。

ライフスタイルがはっきりとわかるのは、**東急電鉄**沿線の住民だろう。一種の「ペルソナ」を示してみよう。まず、大卒の、それなりの企業や官公庁に勤めている父母のもとに子どもがいて、自家用車は1台保有。新聞は『朝日新聞』、子どもには『朝日小学生新聞』を読ませる。子どもの進学にも熱心で、中学受験塾に通わせ、当然ながら大学進学をめざす。

こういった生活スタイルは東急電鉄沿線に見られるものの、首都圏の私鉄各線どこにでも見られるものかというと、そんなことはない。

「格差社会」ということがこの何十年もの間でいわれるなかで、山の手とその先にある私鉄沿線のライフスタイルが、普遍的なものであるかのように考えられるようになった。しかしこれは、都心部と特定の私鉄沿線に限られたことなのだ。

以前、取材で葛飾区を訪ねたところ、放課後に多くの子どもたちが公園で遊んでいるのを見かけた。気になって調べたところ、この地域から中学受験をする子どもは少なく、多くが公立の中学校に進学していることがわかった。中学受験の是非は別として、葛飾区や江戸川区、私鉄でいうと**京成電鉄**が走るエリアの生活は、山の手の私鉄各線エリアの生活とは異なっているわけだ。

東京23区とその周辺は、鉄道で結ばれ、均一な世界が広がっていると考えがちだ。しかし沿線ごとに、あるいは地域ごとに違いを見せる。下町の「沿線」はその傾向がとくに顕著だ。**東武鉄道**は浅草がターミナル、北千住がサブターミナルとなっている。浅草は江戸庶民の文化が息づくところであり、北千住は足立区の中心である。

京成電鉄は、京成上野がターミナルであり、一方でJR山手線などと接続する日暮里《にっぽり》を多くの人が利用する。京成押上線は押上で都営浅草線と接続し、上野方面からの路線と押上方面からの路線が青砥《あおと》で合流する。このあたりは下町であり、東京圏内では比較的所得が低い人たちが多く暮らすエリアである。

京急電鉄も、こういった下町エリアの路線に数えていい。大田区の町工場街を走り、京急蒲田では羽田空港方面の列車が分岐《ぶんき》する。品川から横浜、それから少し先までは、工業が盛んな地域を走っている。職住近接の地域だ。

職住近接のライフスタイルを、いわゆるホワイトカラー層は採用しない。彼らが働く場所は都心のオフィス街であり、そこまで電車で通勤する。しかし、**東急田園都市線**沿線でいえば、大きなオフィス街があるのは渋谷だけである。二子玉川もビジネス拠点になり得るだろうが、当然、渋谷ほどの規模にはならない。

　このように分析していくと、**東武東上線**は山の手と下町の中間的な存在となっているような沿線であることがわかる。都内に通って仕事をする人は多いものの、山の手の沿線のように「いかにも」なライフスタイルをとる人はけっして多くない。中学受験塾なども多く設けられているわけではなく、高校受験が主体のエリアとなっている。

　メディアで取り上げられるようなことは、じつはある特定の社会階層にしか当てはまらないということはよくあるものだ。もっといえば、特定の「沿線」でしか成立しないことも多い。山の手の、特定の沿線住民ばかりにしか当てはまらないことを盛んにメディアが言い立てるのは、そのあたりの社会階層の人たちがメディア人に多いからではないかと邪推《じゃすい》したくもなる。この業界では大卒者が多く、自分たちの周りのことを取り上げているのにすぎないと考えてもいいだろう。

　どの沿線にも、それぞれのライフスタイルがあり、沿線住民の人生というものがあるのだ。

「格差社会」における「沿線」の位置づけとは

　日本が「一億総中流」といわれ、世界でもトップクラスの豊かさを誇った時期が、昭和時代の終わり頃にあった。そんななかでも、すべての人が豊かだったわけではない。格差や不平等というのは存在していた。

バブル崩壊は、潜在的な「格差社会」の歪《ゆが》みを露《あら》わにした、という効果があった。1990年代の終わり頃から、日本社会の格差や不平等についての本が多く出版されるようになり、日本は「格差社会」なのか、「不平等社会」なのかといった論争が多くの場で行なわれるようになった。

当時は、日本は格差が少ない、平等だという声もそれなりにあったものの、いまでは格差拡大が誰の目にもわかるほどの状況となり、日本も全体的に貧しくなっている。そして、さまざまな分野において、「格差」が問題になった。「沿線格差」は、鉄道の沿線ごとに格差があるというもので、鉄道沿線に大きな違いがあるということを浮き彫りにしたものである。

どこの「沿線」で暮らしているかが、その人の経済状況や社会的地位と関係しているということが、露骨に見えるようになってきたからこそ、「沿線格差」ということが盛んにいわれるようになっている。

もはや「沿線」とは、住民自身にとっても、その人の立ち位置を示すものとなった。どこの沿線に住むかがその人やその家族のポジションを示し、どんなライフスタイルを採用しているかを示すということになっている。「沿線が個人を規定する」という考えが成り立つ状況があるのならば、格差社会のなかのその人の立ち位置もまた、沿線により決まっていくのである。沿線の違いは「格差社会」における指標となっており、どこの沿線に住むかがその人の格差社会における存在位置を示すものになっている。

しかも同じ沿線内でも、どこが高級住宅地、どこが一般的な住宅地と、分かれているのである。やっかいなことに、都心に近いほど高級な住宅地というわけではないことが沿線内の不平等を複雑にする。つまり、沿線ごとに格差があり、沿線内でも格差があるのだ。

優等列車が停車する駅周辺は栄えていることが多い。優等列車が停車する駅周辺は、その地域の中心地であり、企業のオフィスや商業施設も多い。そうではない駅は、住宅街のなかにあったりする。

そして、優等列車が停車する駅の周辺は地価が高い。このあたりで不動産物件を探そうとすると、安価な物件は駅から離れていることが多い。その一方、駅の周辺はいつも人が多いから、生活環境がよいとは限らない。どの駅周辺、あるいは駅から近い・遠い場所に住むかでも、その人の格差社会におけるポジションが見えるのである。

とくに気になるのは、経済的豊かさがある東京城南部の沿線で、東京23区の外側で暮らしている人たちである。都心から遠いことをものともしない生活環境のよさが、その地域にはあるということだ。

わかりやすいのが多摩田園都市である。**東急田園都市線**は、コロナ禍前は朝のラッシュが激しいことで知られていたが、そのラッシュをもろともしない存在感があった。メディアでも、同じ東急の**東横線**とともに、「セレブ路線」ということでよく取り上げられる。実際、この地域に住む人は経済的な豊かさや、文化的な豊かさを享受《きょうじゅ》している人が多い状況がある。

要は、ステータスなのだ。多摩田園都市の生活環境がよいことは誰しも認めるところだが、それだけでなく、「ここに住む自分たちは、格差社会のなかで上位にいる」という意識を住民に抱かせ、その地域に愛着を持たせることに成功しているのだ。

社会的に上位の層にいる人は自分たちの存在に自己肯定感を持ち、下位の層にいる人たちは自己肯定感を持ちにくい状況があるが、多摩田園都市の住民、言いかえると東急田園都市線沿線の住民は、格差社会のなかで上位の沿線に暮らしているという自己認識で、高い自己肯定感を抱けるようになっている。

そこから考えると、沿線格差が住民の心理にも反映され、格差上位の沿線がそこに住む住民に高い自己肯定感を与えるということも考えられるのだ。その逆のパターンで自己肯定感が下がることもあるだろう。

沿線格差や駅格差が、格差社会のなかで自己肯定感を高める、あるいは低くするという効果があり、それがその地域に住む人の学力や経済力の獲得能力に影響すると見てもいいのではないだろうか。

格差は人を痛めつける。私鉄各社には心して、地域づくりに力を入れていただくようお願いしたい。

「沿線格差」が「沿線格差」を再生産していく

親が高所得なら子も高所得、親が高学歴なら子も高学歴という社会にこの国がなってから長い。階級や階層といったものが、かなりの割合で再生産されるという状況が続いている。政界や経済界、芸能界といったところから、法曹界や医者の世界でも「二世」が目立ち、一般には知られていないが学術の世界でも「二世」が目立つようになった。

細かいレベルまで、子が親の存在をロールモデルにし、親の存在が子の存在を規定する社会において、沿線で暮らすというライフスタイルも再生産されることになる。そうなると、「沿線格差」が「沿線格差」を再生産することになるのだ。

たとえば、**東急電鉄**沿線にはわかりやすいライフスタイルがある。住宅地に暮らし、都心へと通う、両親とも大卒のファミリー層というものだ。このあたりの人は、自らが生まれ育った環境を肯定的に考えている。他者に比べて明らかに劣《おと》った環境にいることに危機感を抱いて、難関大学への合格をめざす、というタイプは、そもそも現在では多くないのだ。

東急電鉄沿線に暮らすようなタイプの人たちは、中学受験が盛んであり、その層は必ずブランド力のある大学に子どもが進学することを望む。家庭内には、みずから培ってきた勉強のノウハウが多く蓄積《ちくせき》されており、そのノウハウを子どもに受け継がせる。文化的活動も子どもに惜しげなく注《そそ》ぎこむ。

そして、子も同じ沿線に暮らすようになる。つまり、その子どもにとっての地元は、いつか脱出したい地域ではなく、いつまでも住んでいたい地域ということになる。

沿線ごとに、ライフスタイルの違いというものはある。その違いは、「格差」につながる。もちろん、不平等なものだ。沿線ごとに所得水準や最終学歴が異なり、進学塾や中高一貫校の所在地に偏《かたよ》りがあり、消費活動や進学行動にも差がある。

そのような沿線事情を背景に、人の意識の差が生まれる。それは自己肯定感の高さ・低さにもつながっていく。

東京圏は、格差と不平等の一大展示場である。地域によってどんな人がいて、どんなライフスタイルがあるかがまったく異なっている。そして不平等は再生産される現実がある。ある人が何を好むかというのは、学歴や職業、収入などといった社会階層にまつわる指標と関連しているというのはよくいわれる。これらは一種の「資本」ととらえていい。

このあたりの議論は、社会学者ピエール・ブルデューが、「文化資本」の概念を中心として議論を組み立てているものである。上位の社会階層の子どもは、下位の社会階層の子どもよりも進学で優位に立っている背景に、上位の社会階層の子どもが触れる「文化資本」の豊かさがあるというものである。

下位の社会階層の人が触《ふ》れられるものよりも、上位の社会階層の人が触れられるもののほうがいいものが多く、それは教育においてもいえるということだ。沿線によって、これらには大きな差があるといえる。

この再生産においては、教育が上位の階層の文化を評価する傾向が高く、上位の階層の子どもが上位の階層に再生産される傾向があるといえる。難関大卒者の子どもが難関大学に行くというのが、このパターンである。近年、SNSを中心にバズワードとして知られる「文化資本」という言葉は、もともとはこういった傾向を示すものだったのだ。その「文化資本」が蓄積された沿線と、そうでない沿線の違いというのがある。

このほかにも「資本」という言葉で知られるのは、「経済資本」と「社会関係資本」である。「経済資本」というのは資産のことである。

現代では、資産があればあるほど、お金を得やすいという傾向がある。経済学者トマ・ピケティは、現代では労働により経済成長して得られる収益よりも、株式や不動産の運用によって得られる収益のほうが大きく、資本を持っている人が、より資本を持つようになっていることを示している。

経済的に豊かな層は、土地や株式の運用で収入を得ていることが多い。私鉄各線の沿線では、ニュータウンでもない限り古くからの地主がおり、そういった人たちがみずからの土地に賃貸マンションなどを建てて大きな収入を得ていることが多い。新たに開発したニュータウンでもない住宅地には、そのような賃貸物件が多くある。

こういった地主層は、地域では富裕層として存在している。賃貸物件が多くある沿線には、そういった地主がおり、地域では中心的な役割を果たしている。

沿線で長いこと暮らしていると、地域に人脈ができる。よりよい職場に勤めていると、そこから派生する人間関係ができる。これが「社会関係資本」である。よりよいところで、よりよい人間関係ができるというのはわかりやすい。人間関係の豊かさが、その人の社会階層の向上に寄与し、進学や就職などの際に有利になることに働きかけるようになるという構造がある。

そのような要素が組み合わされることによって、「資本」に恵まれる人・恵まれない人というのができあがることになる。その総体が不平等というシステムの構成要素であり、格差の原因となっている。

各沿線においても、こうした「再生産」活動は多く見られる。そして「沿線格差」が「沿線格差」を再生産し、「沿線二世」が誕生することになる。不平等とその再生産は社会構造において根深く組みこまれており、それは「沿線格差」のしくみを考えるうえで重要なものになっている。

コロナ禍で「沿線格差」に変化は起きたか？

２０２０（令和２）年の２月頃から新型コロナウイルス感染症が日本国内で猛威をふるい、同年４月には７都府県に「緊急事態宣言」が発出されることになり、その月のうちにこの宣言は全国へ拡大することになった。

そんななかで、外出の抑制などが必要となり、その影響で鉄道の利用者は大きく減った。職場では「テレワーク」が急に行なわれることになり、学校は休校となった。ふだんは車内がぎっしりだった朝ラッシュ時の列車も、ガラガラになった。

そのとき、自社の路線の利用者が他社に比べて大きく減ったということを表明したのは、**東急**である。テレワーク可能な職種で働く人がほかの沿線に比べて多く、その影響で利用者が減ったということである。どの路線も大なり小なり利用者は減少したものの、自社の沿線の利用者が大きく減り、苦境にあることを示したのは東急くらいだ。

なお、テレワーク可能な職種は、比較的高所得の場合が多く、働く人の裁量権も高い職種である。こういった職種が社会的に上位の職種にあることはいうまでもない。

一方、東急沿線では、沿線にある同社系列のスーパーマーケット「東急ストア」の売上が非常に伸びたということがある。

この時期、スーパーマーケット（以下、スーパー）やドラッグストアには生活用品を買い求める人が多数訪れ、とくにマスクやトイレットペーパーの不足は問題となっていた。鉄道会社系列でも、百貨店は不要不急のものとして休業したものの、スーパーは生活に必要なものを売るお店として活況を呈した。また、スーパー各社はネットスーパーにも力を入れるようになり、多くの人が利用するようになった。

コロナ禍初期は、流通事業をはじめとした鉄道事業以外の事業をしっかりと行ない、「沿線事業」ともいうべき事業を展開していた鉄道会社は、そこで鉄道事業の厳しさを補《おぎな》うことができた。テレワーク可能な職場が増えたことで、郊外の不動産に人気が高まり、不動産事業もけっして悪い状況ではなかった。

そして、「巣ごもり需要」に向けたサービスを展開したのは**東急グループ**である。ケーブルテレビや電力小売事業にも注力し、「沿線における生活の面倒をしっかりと見る」という事業スタイルは、ここでも守られている。

ケーブルテレビ事業（とあわせたインターネット事業）は、在宅での生活や仕事に大きく役立つものだ。テレワークはインターネット回線がないと難しい。また、自宅にこもることが多いと、テレビの視聴も増える。電気も使う。コロナ禍はそういった在宅向けサービスを即座に提供できた東急グループのビジネスモデルが正しく、そして強力なものだったことを証明した。

ただ、在宅勤務の徹底や、学校の休業などを要請した「緊急事態宣言」は、この限りだった。その後は感染者の多い地域で「緊急事態宣言」を出し、あるいは「まん延防止等重点措置」などで対応するにしても、「経済が回らない」という理由で強制力を持たせることをしなかった。

そのため、通勤電車にはもとのように人が戻って来ることになった。2023（令和5）年5月には、新型コロナウイルス感染症の法的位置づけを「2類」から「5類」に移行した。ワクチンを多くの人が接種したという状況が背景にある。

この間、鉄道各社は列車の本数を減らして対応した。とくに終電の繰り上げや、平日昼間の本数減などが行なわれるようになった。通勤時間帯でも本数を減らした。このように列車を減らした状況は、いまも続いている。

鉄道会社の側は、現在も利用者が元のように戻っていないことを理由に、列車の本数を削減したままでいる。しかし、実際に列車に乗ってみると、朝夕のラッシュ時の混雑は激しい。利用者が減ったぶん、そのまま列車を減らすと、見た目は同じように混雑するということになってしまう。しかも法的位置づけが「5類」になっただけで、新型コロナウイルス感染症に罹患《りかん》する人はまだ多くいるのだ。

鉄道各社は、コロナ禍で収入が減ったぶんに対して、運賃の値上げで対応しようとしている。これまで運賃の安かった**東急電鉄**や**京王電鉄**も、値上げを行なった。ただ、値上げした路線は、「沿線格差」の観点からすると、比較的上位の人たちが暮らすところである。これまでの運賃が安すぎたのは確かだろう。

コロナ禍が終わらないなか、ロシアがウクライナに侵攻、世界的な物不足が発生し、物価もどんどん上がっている。鉄道事業に必要な動力費も以前よりもかかるようになってきた。鉄道だけが値上げしないというのは無理なのである。むしろ、東急沿線のように豊かさにあふれた沿線が、コロナ禍や戦争といった厳しい状況においても、値上げしないできたのが奇跡のようなものなのだ。

動力費などで厳しいのはどこの鉄道も同じである。だが、もともと運賃が安かった鉄道の場合は値上げしても批判は少ない。そして、関東圏の私鉄は比較的、運賃が安かった。

コロナ禍で関東の私鉄は厳しい状況に置かれたが、こと「沿線」という観点で見ると、沿線ビジネスモデルの違いが企業グループ全体の状況のよしあしに影響したといえる。そのなかで「沿線格差」の新たな状況も、見えるようになってきたのだ。

沿線人口の減少に鉄道会社はどう対峙《たいじ》している？

人口減少が進んでも、東京圏には人が集まり続けている。大学進学や就職の際に東京に出ると、ふるさとには戻らないことが多い。そうでなくても、東京圏で生まれ育ち、その後も東京圏で暮らし続ける人は多い。

２０２５年から２０３０年頃をピークに、東京圏の人口は減り始めていくといわれている。高齢化社会の現状では「団塊《だんかい》の世代」が後期高齢者となり、人口の多いこの世代が年々減っていくのは自然の流れだろう。

あわせて、少子化である。多くの家庭では子どもがいてもひとりで、ふたりというのは珍しくなっている。メディアで中学受験の話題が出れば出るほど、子どもにかかる教育費は莫大《ばくだい》なものになるという認識が強まり、子どもはひとりまでと考える親世代も多いことと考えられる。団地は建て替えの時期を迎え、ニュータウンも高齢化で後継世代が少ないという状態になっている。

もちろん、私鉄沿線に住むような層は再生産されるとは考えられるものの、人口減少のなかで縮小再生産されることは間違いない。

いったんは都心またはその近くに暮らしても、住環境のよさから「沿線」が見直され、そこに戻ってくることはあり得る。それでもなお、東京圏の人口減少にともなう私鉄各線沿線の人口減少は避けられないものとなっている。

日本が衰退国家の道を歩んでいくなかで、成熟をめざすことが必要だ。とくに、戦後普及してきた私鉄沿線でのライフスタイルという沿線文化は、成熟させなければならない。これまで築き上げてきたよい生活環境を後世に残し、鉄道会社だけではなくその沿線に暮らしている人が幸せになるようにする必要がある。

どの私鉄も、沿線の再開発に力を入れている。沿線の駅近くでのマンション開発も盛んであり、既存の住宅地をどうすればよりよいものになるかに力を入れている会社もある。行政との協力にも積極的だ。

幸いにして、私鉄沿線の郊外に目が向けられている状況だ。郊外の広い家や、おだやかな生活環境が、コロナ禍以降には見直されている。この状況を見て、「パワービルダー」と呼ばれる建売住宅メーカーも、郊外に家をどんどん建てるようになっている。

東京都心では、再開発でオフィスや住居をあわせた複合ビルが次々につくられている。オフィスは企業が入居するからいいが、住居は数億〜数十億円という価格になり、一般の人が購入できる物件とはなっていない。都市は働く場所、あるいは消費する場所としての存在感が強まり、一方で暮らす場所としては、ふつうの人にはちょっと厳しいという状況が強まっている。

そんななかで、暮らしの質の高い「沿線」での生活は見直され、よりよい沿線文化が生まれてくるようになることが予想される。私鉄各社はいまが正念場だ。

「沿線格差社会」を乗り越えた先にあるものとは

沿線ごとに生活する人の所得や最終学歴の違いがあり、不動産価格の違いもあるのはここまで読んでいただければおわかりになったことだろう。その一方で別の動きも出てきた。

東京の下町エリア、たとえば**東武鉄道**や**京成電鉄**の沿線に、大きなマンションが建つようになってきている。そこに、もともとのその地域の住民よりも高所得・高学歴の人が暮らすようになっているという状況がある。

下町エリアでも再開発の動きが活発で、近年では京成押上線の京成立石《たていし》駅周辺の再開発が話題になっている。

京成立石駅周辺は、かつて製薬会社の工場があり、そこは貧しい学生や労働者が自分の血液を売りに行く場所でもあった（その場所は「血液銀行」とも呼ばれていた）。その施設がなくなってからも、京成立石駅周辺には個人経営の居酒屋が軒《のき》を連《つら》ね、独特の街の風情《ふぜい》が地域住民に親しまれていた。一方、「貧しさ」というイメージと直結する状況もつねにあった。

東急沿線の二子玉川や自由が丘も東京ならば、京成沿線の京成立石も東京である。沿線ごとの違いというのがわかりやすい状況にある。

ただ、行政や私鉄各社が、この状況を放置しているわけにはいかない。京成立石のような場所は地域住民だけではなく、ある種の知識人にも好まれるものの、知識人層はふだんは別の街に住んでいる。

行政や私鉄各社から考えると、再開発で地域の価値を上げたいという考えはもっともである。東武鉄道や京成電鉄の沿線におけるマンション計画は、そういった意味も込められているのだ。ただ、これは背景にある地域の現状を隠す方法で、こういったことをやっても東京城南部の私鉄沿線の豊かさを引きずりおろせるわけではない。

どの沿線に暮らすか、ということがその人の階級・階層的位置づけを示し、その人の志向にも大きく影響し、場合によっては再生産される。都市社会の構造が簡単に変えられるわけでもない。地域を豊かにしようとすることで、無理やり不動産の価値を上げることにより、固定資産税などが上がってしまってすでに住んでいる住民が苦しむという可能性すらある。

格差や不平等は、簡単には乗り越えられない。固定化している、再生産されるという見方も強い。「沿線格差」も同じだ。しかし、こういった社会構造は乗り越えなければならず、「沿線格差社会」も乗り越えなければならない。

多様性と格差は表裏《ひょうり》一体であることは、電車に乗っても感じることだ。わかりやすいのが、相互乗り入れの電車にある広告だ。東京西側の路線と東京東側の路線が相互乗り入れするとき、車内を見てみると、東京西側の路線の車内広告はいかにもハイソで、東京東側の路線の車内広告はある種のリアリズムを感じる。

私鉄各社は自社の沿線をよりよいものにしていくものの、相互乗り入れにより人々はふだん乗る鉄道会社ではない鉄道沿線を知ることができる。地下鉄に乗り入れることで、地下鉄の車両に乗ることもでき、都市部の息づかいを感じることも可能だ。

鉄道会社は「沿線格差」のなかで自社のサービスがすばらしいものであり、自社のビジネスで囲いこもうとしがちだが、鉄道そのものは相互乗り入れで地域間の理解を深める装置として機能している。

東京圏に各社の鉄道網が広がり、かつ現在では交通系ＩＣカードで細かくきっぷを買わなくてもいい状況になると、人々は各地を行き来することが簡単になる。人々は車窓を見たり、駅で降りた際に観察することで、沿線ごとの違いを理解するようになる。しかも相互乗り入れがその可能性を広げている。

わかりやすいのが東京メトロ副都心線を介した**西武鉄道**（西武池袋線）と**東急電鉄**（東急東

横線）の相互乗り入れだ。西武と東急はかつて対抗意識が非常に強かった。しかし相互乗り入れすることで、西武文化圏の人が東急文化圏に行くようになった。

また、**東急電鉄**（田園都市線）と**東武鉄道**（東武スカイツリーライン）は東京メトロ半蔵門線を介して相互乗り入れを行なっている。このふたつの路線は沿線文化が異なるが、鉄道により地域の違いを理解できるようになっている。さらには、北千住で東武の特急に乗り換えることができ、田園都市線沿線の人が日光エリアに行くのにも便利だ。

沿線ごとに違いがあり、それが「沿線格差」とまでいえるような状況にこそなっているものの、鉄道に乗ることでその格差は乗り越えられなくても、認識できるようになる。

ターミナル駅から郊外へ、という視点だとそれぞれの沿線があり、その沿線間には「沿線格差」があると見えるものの、地下鉄を介した相互乗り入れが、地域間の分断を防ぎ、相互の交流の力となっているといえる。

このように、鉄道という視点では、東京メトロや都営地下鉄が「沿線格差」を乗り越える装置として機能していると見てもいいだろう。それにあわせて、下町エリアは再開発地域の不動産価値を無理やり上げるのではなく、下町的な豊かさをつくっていくことで多くの人をひきつけ、地域の価値（とくに質的な）を上げるようにしたほうがよいのではないだろうか。

9

沿線選びの新基準とは

東急・東武・小田急・京王・西武・京急・京成・相鉄

「不動産価格」だけが住まいを決める指標ではない

ある場所が豊かかどうかは、不動産価格、とくに地価だけで決まるものではない。「暮らしやすさ」という視点から見ると、もっとそうだろう。都心部の地価は郊外に比べて高く、郊外で都心から同等の距離であっても、地域により地価が高かったり、安かったりする。

不動産価格は、資産としての価値を示すものであり、その場所が快適かどうかを示すものではない。ある沿線の不動産価格が高いからといって、そこに資産価値があり、そこに住むことがリッチであることを示すからおすすめする、という安直《あんちょく》な考えは採用しないのだ。

大事なのは、生活環境である。生活を送っていくうえで必要な商業施設などが充実しているか、公園などが整備されているか、自家用車が必須か、自家用車がなくても公共交通機関だけで何とかなるか、といったことが重視されてくる。

たとえば**東急田園都市線**沿線は、鉄道で都心に通勤する人を対象としているが、同時に自動車を使用することも念頭に置いてまちづくりがなされている。**京王相模原線**沿線や**小田急多摩線**沿線の多摩ニュータウンも同様だ。

確かに田園都市線沿線は暮らしやすいけれど、自家用車を持っていない人にはちょっと不便なところがある。自宅が駅徒歩圏内ならまだいいが、駅からバスで自宅近くまでというのは、少々つらいだろう。

「沿線」といってもいろいろあるが、人により鉄道をどう使うか、あるいは自家用車をどう使うかはまったく異なるものであり、とくに近年の東京圏生活者は車を買わないペーパードライバーであることが多いため、不動産価格は高いが、日常生活に自家用車が必要な田園調布（東急東横線沿線）などは、生活していくのに不便であるということも考えられる。

大切なのは、みずからのライフスタイルを自覚し、それに合った沿線に暮らすことである。不動産価格だけを指標にし、頑張ってこの沿線の、この駅周辺に暮らすべく努力するというのは、単身者ならまだしも、ファミリー層にとっては難しいだろう。

どの沿線にもそれなりに快適なところや便利なところはあり、そうではないところもある。将来、不動産価格の上昇を見越して物件を買うということが、とくにマンション購入者の間で行なわれている現状はあるものの、それがいいとは限らない。それならば、子どもの教育のためによりよい環境を求めて引っ越しをする、というほうがまだわかる。

各沿線の性格などを見て、総合的に判断して自身でどの沿線に住むか、どの駅近くに住むかということを考えるのが、もっとも妥当《だとう》な沿線選び、不動産選びであると考えられる。

「都心までの距離」はどこまで考慮すべきか？

一般に、都心に近ければ通勤時間は短くなる。職場に近い場所で暮らしてもらうように、住宅手当や、社員寮などを準備する会社もある。ただそれ自体は、職場での従業員のパフォーマンスをよりよくするためであり、悪くいえば従業員を管理するためにそうしていると考えたほうがいいだろう。

個人視点での沿線・居住地域選びでは、そういった考えを採用することはない。都心に近い場所所は、生活環境のよい場所ではないことも多く、賃貸物件なら狭いことも多い。

職場に近い場所に暮らしていることを採用の判断にするところもあるかもしれないが、そういうところが個人を大切にするとは思えない。むしろ、都心の職場とは一定の距離があったほうが、オン・オフの切り替えができていいのだ。

また、都心に近い駅が生活環境に優《すぐ》れているか、ということも指摘できる。たとえば無料の優等列車が停車する駅のまわりには、大きな商業施設など生活に必要な諸施設が多くあるケースが多い。それより都心寄りの各駅停車のみ停車する駅では、単なる住宅街だったりすることもある。

ここで挙げる都心に近い駅の場合、定期券代が安くなるというメリットはあるが、生活者の観点からは不便であることはよくわかるだろう。また、優等列車が停車しないことで、外出する際にも各駅停車が10分に1本しかないという事態になる。しかも優等列車と接続する駅は数駅先だ、という事態さえあり得る。

東急東横線や**東急田園都市線**のように、全駅に停車する列車でも駅間距離などが長く、緩急接続もしっかりしているために、そこそこ速くて利便性が高い、というケースばかりではない。**京王線**のように、駅間距離が短く、細かく停車して乗客を集めるという路線もあるのだ。

どの沿線であれ、都心から離れていても住環境のいい路線・駅のほうが、おすすめできるとしか言いようがないのである。

だから、沿線というものについてよく考える必要があり、どこに住むかは沿線を見ないと判断できない。一定の年齢になれば、1人用の賃貸暮らしから持ち家に、持ち家でなくても結婚したり、子どもができたりということがある。その際にどの沿線に暮らすかは、生活の質を考えるうえで重要なことであり、職場、とくに都心の職場への利便性ばかり考えるわけにはいかない。

まして、テレワークが導入されるようになった現状で、生活環境を重視することは、当然ではないだろうか。

沿線を選ぶときに、もっとも重視すべきこととは

沿線ごとに、住んでいる人の傾向がある。このあたりは、複数の沿線で暮らしてきた人にはよくわかるだろう。

たとえば、国政選挙や地方自治体の選挙結果を見ても、自民系が強い地域、非自民が強い地域と分かれる傾向がある。この国全体でもっとも支持されている政党は自民党ではあるが、地域によっては非自民がそれなりに強いということもある。

また、特定の職業の人が集まっている沿線というのもある。私鉄ではないが、表現活動をしている人はどういうわけか中央線沿線に集まることが多い。大卒の公務員や会社員の多い沿線というのもある。子どもの教育を大切にしたい、という人は中学受験の盛んな沿線に住むのが妥当だろう。

ジェンダーの違い、学歴や職業の違い、そして地域の違いは、人の考え方に大きく影響する。それらは相互作用する。また、立場や考えが異なる人と同じ空間にいると、強い違和感を覚えることがあるだろう。同様に、自分の住む沿線では当たり前の価値観が、別の沿線では珍しい価値観であるということもけっして珍しくない。

本来は、多様性のなかで人々が自立した精神を持ち、個人個人の人生を生きるべきだが、どうしても周囲の状況に拘束される。都市社会学の研究などを見ても、同じ都市圏のなかで似たようなタイプの人が同じ地域に住むということは示されている。

したがって、東京圏でどこかに住もうというときには、自身の立場や考え方に見合った沿線を選ぶということが重要である。

1人暮らしの大学生なら大学に電車1本で行ける、という理由でいいと考えられるが、社会人になったり、あるいは結婚したりとなるとそうもいかない。

とくに、結婚してファミリー向けの住宅に住む場合、その沿線に、さらにはその区市町村に一生住むということを想定しなければならない。子どもを育てたり、不動産を買ったりすることを前提として、どの地域を、どの沿線を選ぶかを真剣に考える必要がある。

その際に重視すべきことは、沿線の生活環境と、価値観である。ここを見極める際に失敗、とくに不動産を購入する際に失敗したら、損失が大きい。

どの沿線を選ぶかは、あなた自身がどんな立場にいるかということと、あなた自身がどんな考えを持っているかということをよく考えてからでないと、うまくいかないことになるだろう。

家族や家庭の事情があり、どうしてもその場所で生活しなければならない、ということももちろんあるだろうが、場合によっては、生まれ育った沿線から離れる、あるいは離れないという決断をしたほうがいいこともあるのだ。

ひとつの沿線に住み続けることのデメリットとは

関東圏の私鉄は、鉄道以外にも地域住民に多くのサービスを提供している。スーパーマーケットやクレジットカードなど、生活に必要なものだけではなく、賃貸不動産の紹介や提供、分譲不動産の販売、さらには子育て関連だけでなくその他もろもろのサービスを手がけている。

こういったサービスを享受《きょうじゅ》すると、非常に効率がいいというメリットがある。鉄道会社系列のポイントも多く貯めることができる。なかには、電気やケーブルテレビまで提供される沿線もある。

ただ、生活のすべてが鉄道会社丸抱えになると、個人の主体的な意志での選択をするという能力がはぐくまれなくなる危険性もある。よいものは何もかも自社沿線にあるのだから、それ以上いいものを、あるいは違うものを探さなくてもいいという考えになってしまう。消費や生活の諸活動において、みずからの探究心をはぐくむ機会を失ってしまうということもあり得るのだ。

いいものを買うのならば、鉄道会社系列の百貨店だけではなく、呉服店に起源を持つ百貨店も見て比較してみようといったことや、さまざまなお店を比較検討して最良のものを見つけよう、という探究心が薄れてしまったり、鉄道系のスーパーマーケット以外にも、どこにいいスーパーマーケットがあり、あるいはどこが安いかということも、考えなくなってしまう。

良質なサービスが鉄道会社グループにより提供されると、ものを見る力や考える力というのが、いまいち身につきにくくなるということもあるのだ。

生活する環境が快適すぎるあまり、他を見る視点を失ってしまう——これが「沿線格差」の負《ふ》の側面であるといえるだろう。

快適な暮らしは「沿線選び」から始まる

人間は、そう簡単に生活する環境を変えられないものだ。どんな地域に生まれたか、どんな教育を受けてきたか、いまどんな仕事をしているか。そこで出会った人は、あなたと同質の人が多いだろう。

そこで決め手となるのが、「沿線」という概念である。同じ沿線には同じような人が生活している。「沿線格差」というのは東京圏全体では存在するものの、個々の沿線で生活している個人は同質性のなかで周囲とよい関係を築きながら快適な生活を送っている。

しかも、これまでくり返し述べてきたように、近年は同質な人間が再生産される傾向が高まっている。豊かな人の子が豊かになり、大卒以上の親の子が大卒になり、給与が高く、福利厚生が整っている仕事についている人の子どもが同じ条件の仕事につく。そんななかで、「沿線」の持つ価値観が再生産されていく。

さまざまな格差や不平等が固定化していくなかで、「沿線格差」という概念が固定化していく可能性も高い。果たして、「沿線」はそう簡単に離れられる存在なのだろうか?

ある人が生活する沿線は、その人のほぼすべてを示し、その人自体を強固に規定するものだといっていい。その意味でおすすめする沿線は、もし、あなたがどこかの沿線に生まれ育った場合、あなたの生まれ育った沿線である。もし、あなたが地方から上京してきた人の場合、あなたの立場に見合った沿線だ。

ただし、自身の育った沿線に満足せず、人生を変えたいというならば、ほかの沿線に住むことも十分にあり得る。「沿線格差」の再生産から逃れたいのならば、それは十分に実行する価値があるだろう。

「沿線」は多様であり、また「沿線格差」もある。そのなかであなた自身の価値観に合った沿線を選ぶべきである。そして快適な沿線ライフを送っていただきたい。

附・「沿線」を考えるためのブックガイド

本来、巻末には「参考文献」として本書を記すのに参考にした本を列挙するものだが、本書は筆者がこれまで読んだり、書いたりしたものをいろいろと参考にしているため、それらを紹介することにしたい。参考にしていただければ、沿線や都市といったものに対する理解がより深まるだろう。

「沿線格差」という言葉が一般に知られるようになったのは、首都圏鉄道路線研究会『**沿線格差 首都圏鉄道路線の知られざる通信簿**』(SB新書、2016年8月)である。筆者はこの本の執筆メンバーのひとりであった。

この本が刊行されて以来、東京圏各沿線の「格差」に関心が持たれるようになり、「沿線格差」をテーマにした本はいくつかの出版社から出ている。

続編として首都圏鉄道路線研究会『**駅格差 首都圏鉄道駅の知られざる通信簿**』(SB新書、2017年5月)も刊行されている。筆者はかかわっていないが、首都圏鉄道路線研究会のメンバーのなかで、「沿線格差」にかんする書籍やムックを手がけている人もいる。

本書ではまず、東京圏の広がり方と、各私鉄沿線の成り立ちを記した。今尾恵介『**地図で解明! 東京の鉄道発達史**』(JTBパブリッシング、2016年3月)には、東京圏の各鉄道がどう拡大していったかということが記されている。

また東京都の通史としては、竹内誠・古泉弘・池上裕子・加藤貴・藤野敦『**県史13 東京都の歴史**』（山川出版社、1997年1月）や、石塚裕道・成田龍一『**県民100年史 東京都の百年**』（山川出版社、1986年10月）を参考にした。

東京の近年の開発を論じた本としては、源川真希『**首都改造 東京の再開発と都市政治**』（吉川弘文館、2020年5月）が面白い。同著者には、『**東京史――7つのテーマで巨大都市を読み解く**』（ちくま新書、2023年5月）もある。なお、沿線と寺社の関係については、平山昇『**鉄道が変えた社寺参詣 初詣は鉄道とともに生まれ育った**』（交通新聞社新書、2012年10月）が知られている。

筆者は以前、文響社編『**1日1ページ、意外と知らない東京のすべて365**』（文響社、2022年3月）の執筆に参加し、近現代史の項目などを担当した。本書での執筆には、その際に得られた知見も使用している。

続いて、東京圏の格差のありようについては、多くの本が出ている。よく知られているのが池田利道『**23区格差**』（中公新書ラクレ、2015年11月）である。この本は東京23区の各区をランキングし、狭い23区でも格差が大きいということを示している。

もっとも、都市内に格差があることは、以前から指摘されている。橋本健二『**階級都市――**

格差が街を侵食する』(ちくま新書、2011年12月)では東京という都市の構造を明確にした。
また、それをもっとわかりやすくした橋本健二『**東京23区×格差と階級**』(中公新書ラクレ、2021年9月)では「社会地図」という手法を用いながら、東京23区の不平等を示した。

後者の本のもとになった研究として、橋本健二・浅川達人編著『**格差社会と都市空間 東京圏の社会地図1990-2010**』(鹿島出版会、2020年7月)がある。東京圏には地域ごとに違いがあり、それを地域であてはめていくか沿線であてはめていくかの違いはあるものの、沿線であてはめて考えるのが筆者の考え方であり、「沿線格差」という思考法である。社会地図の手法を使用した都市分析としては、浅川達人『**都市を観る 社会地図で可視化した都市社会の構造**』(春風社、2022年2月)がある。

ここで挙げた本は、都市社会の不平等、階級・階層といったテーマを考える際には参考になる。

なお参考までに、ここで「階級」「階層」という用語について説明しておく。本文中では適宜この語を使用しているが、それぞれ意味が違うのである。

濱嶋朗・竹内郁郎・石川晃弘編『**社会学小辞典**』(有斐閣、1997年1月)によると、「階級」とは「特定の歴史的発展段階にある社会的な生産体制または社会構成体のなかで、生産手段に対する関係のちがいによって、地位、資格、機能、所得源泉、所得額などの点で、相互に区別され、かつ相互に対立する人間の集群を意味する」とあり、「階層」とは「多義的な概念であって、ふつうには社会の重層的・段階的構造としての社会成層を構成する各層、つまり一つの連続的全体のなかに設定された段階的区分の意味で用いられる。財産、職業、所得、学歴などの点で、ほぼ同じか類似した社会的地位を占有する人びとの集合体をいう」とある。このあたりは似たような言葉でも意味が違う。

さて、都市の構造については、都市社会学の知見が参考になる。森岡清志・北川由紀彦『**都市社会構造論**』（放送大学教育振興会、2018年3月）では、都市はどうなっているのかというテーマについて多くのことを学んだ。なおこれは放送大学大学院向けのテキストで、学部向けとしては森岡清志・北川由紀彦『**都市と地域の社会学**』（放送大学教育振興会、2018年3月）がある。東京圏がどうなっていくか、そのなかで「沿線格差」の現状を考察するうえで参考にした。

また、本書を書くうえで念頭に置いた社会学の書籍は、ピエール・ブルデュー&ジャン・クロード・パスロン（宮島喬訳）『**再生産〔教育・社会・文化〕**』（藤原書店、1991年4月）や、ピエール・ブルデュー（石井洋二郎訳）『**ディスタンクシオン 社会的判断力批判**』Ⅰ・Ⅱ（藤原書店、1990年4月）、吉川徹『**学歴分断社会**』（ちくま新書、2009年3月）といったものであり、沿線格差の再生産はこのあたりの議論を背景にしている。また、経済学ではトマ・ピケティ（山形浩生・守岡桜・森本正史訳）『**21世紀の資本**』（みすず書房、2014年12月）のことが念頭にあった。

私鉄各路線については、近年の動向を踏まえたうえで、筆者が実際に乗ったり、取材したりしたものを参考にしている。それらは、「東洋経済オンライン」「マイナビニュース」「ITmediaビジネスオンライン」「Yahooニュース エキスパート」などで記事にしているものも多い。また、これらの媒体で他の人が書いたものも参考にした。

本文で挙げた私鉄のビジネスモデルについては、東浦亮典『**東急百年 私鉄ビジネスモデルのゲームチェンジ**』（ワニブックス、2022年12月）が興味深い。西武鉄道については、原武史『**【増補新版】レッドアローとスターハウス もうひとつの戦後思想史**』（新潮選書、2019年5月）の分析は参考になるだろう。堤清二については自身のペンネームで著した辻井喬『**叙情と闘争——辻井喬＋堤清二回顧録**』（中公文庫、2012年5月）もあるが、御厨《みくりや》貴・橋本寿朗・鷲田清一『**わが記憶、わが記録 堤清二×辻井喬オーラルヒストリー**』（中央公論新社）も面白い。一方、異母弟で鉄道事業を継いだ堤義明については、大下英治『**西武王国の興亡 堤義明最後の告白**』（さくら舎、2022年6月）が参考になる。

なお、本文中に紹介した小説や漫画は次の通りである。

獅子文六『**箱根山**』（ちくま文庫、2017年9月）。垣谷美雨『**ニュータウンは黄昏《たそが》れて**』（新潮文庫、２０１５年６月）。つげ義春「大場電気鍍金工業所」『**つげ義春大全**』第16巻所収（講談社、２０２０年４月）。

このほかに各種統計も参考にした。このように、多くの本を読み、各地を取材で歩いたうえで、「沿線」とは何か、そのなかでの「沿線格差」とは何か、ということを考えて書いたのが本書である。

＊本書の情報は２０２３年11月現在のものです

関東の私鉄沿線格差

2023年12月20日　初版印刷
2023年12月30日　初版発行

著者◉小林拓矢

企画・編集◉株式会社夢の設計社
東京都新宿区早稲田鶴巻町543　〒162-0041
電話（03）3267-7851（編集）

発行者◉小野寺優

発行所◉株式会社河出書房新社
東京都渋谷区千駄ヶ谷2-32-2　〒151-0051
電話（03）3404-1201（営業）
https://www.kawade.co.jp/

DTP◉イールプランニング

印刷・製本◉中央精版印刷株式会社

Printed in Japan　ISBN978-4-309-50444-5